한가락 시조집 ㉑

고려에 살어리랏다

한가락 모임 지음

책머리에

　스물한 번의 돌잔치를 준비하면서 정성스럽게 우리의 기행문과 시조 그리고 학습 자료를 묶어 책으로 엮었습니다. 책의 모습이 확 달라졌습니다. 우리 한가락이 20년이 지났습니다. 이제 성년이 되었으니 모든 것이 달라져야 하겠다는 것입니다. 그래서 겉모습부터 바뀌어야 하겠고 또한 내용도 더 성숙되어야하지 않겠습니까. 그래서 우선 외모부터 가다듬어 본 것입니다. 저희들은 매달 첫 일요일에, 정신적으로 교훈이 될 만한 인물들을 찾아 공부하고 그 내용을 시조로 남기며 역사탐방을 했습니다. 교훈이 된다는 것은 나라와 민족의 발전에 기여했다는 말입니다. 새로운 인물을 찾아갈 때는 우리들도 호기심이 생기고 기대감도 일어납니다. 공부를 하고 시조를 지으려고 자료를 찾아볼 때는 쓸만한 단어가 없을 것 같기도 하지만 찾다보면 또 하나의 시조가 만들어집니다.
　지난해에는 국가적으로 많은 일들이 우리를 불안하게 하였습니다. 천안함 침몰과 장병들의 죽음, 연평도 피폭과 남북의 갈등은 온 국민을 두렵게 하였습니다. 이런 어려움을 해결하는 방법을 역사는 우리에게 가르쳐 줍니다. 그래서 우리는 역사를 찾아 공부하고 어려움을 해결하는 방법을 배우는 것입니다. 또한 혼란한 시절에 인간이 지켜야할 바른 길을 밝혀 보려고 하는 것입니다. 중국의 춘추나 서전이 아닌, 우리의 역사를 살펴서 우리만의 길을 찾고, 같은 시간을 공유하는 사람들에게 알려 주고 싶은 마음입니다.

책을 펴내기 위해 힘써주신 한가락 회원님들께 감사의 말씀을 올립니다. 노래도 함께 부르면서 약관의 한가락을 발전시켜 주시기를 바랍니다. 그리고 새로운 양식으로 책을 꾸며주신 도서출판 다운샘 사장님께 감사의 말씀을 드립니다. 한결같은 모습으로 우리를 지도하시는 중관 최권홍선생님께 고마움의 예를 올립니다.

2011. 4. 29 한가락 회원 장대열 씀

● 중관(中觀) 최권흥(崔權興) 선생님
137-819
서울시 서초구 방배 2동 455-1번지
204호 동천서숙 (02) 702-2553

▲ 한가락 스무돌 잔치(4343. 4. 29)

● 벽고(碧皐) 장대열(張大烈)
1947년 전북 김제 생
(017-247-7743)

● 고룡(古龍) 맹치덕(孟致德)
1958년 전북 남원 생
중원중학교 교사 (010-5517-7822)

● 욕천(浴川) 최장호(崔章鎬)
1963년 전남 곡성 생
건강보험심사평가원
(010-800-6150)

● 노산당(魯山堂) 전향아(全香阿)
강원도 평창 생
한가락 총무 (010-9945-1655)

● 갑고(甲皐) 홍영표(洪永杓)
1930년 경기 강화 생
경제학 박사 (418-3416)

● 서봉(瑞峯) 조철식(趙徹植)
1930년 충남 서산 생
(2042-2818)

● 안일당(安一堂) 이원희(李元熙)
1949년 경기 안양 생
동천서숙 총무 (019-299-4380)

● 설전(雪荃) 임준신(任準臣)
1939년 서울 생
설전화실원장 (011-722-1888)

● 우인(又仁) 경우수(慶佑秀)
1948년 서울 생
자영업(3426-1102)

● 석초(石艸) 홍오선(洪五善)
1939년 경북 예천 생
전 중학교 교장(011-9010-0389)

● 예주(濊州) 김영기(金榮基)
1938년 강원 강릉 생
(719-0108, 011-386-7407)

● 가산(佳山) 임봉훈(任奉壎)
1931년 경북 상주 생
대한전기공업사 대표 (011-854-6322)

● 서원(西原) 김용대(金容大)
1934년 충북 청주 생
서울진양(주) 대표 (010-5497-1329)

● 삼우당(三又堂) 장선숙(張善淑)
1956년 충북 보은 생
서예가 (010-4499-5157)

● 해월(海月) 채현병(蔡賢秉)
1948년 강원 원주 생
초등교사 정년퇴임(017-207-7326)

● 시우(時雨) 이경희(李京姬)
전북 익산 생
(010-3040-9928)

● 송암(松巖) 김영석(金永錫)
1943년 충남 청양 생
(016-241-3140)

벼   리

고려에 살어리랏다

●책머리에 · 3

241. 영모재(永慕齋-淸原)에서 · 9
242. 상당사(上黨祠)에서 · 27
243. 도총제공묘(都摠制公墓)에서 · 45
244. 영모재(永慕齋-群山)에서 · 61
245. 영운재(永雲齋)에서 · 79
246. 금은공묘(琴隱公墓)에서 · 99
247. 동강공묘(東岡公墓)에서 · 117
248. 송암공묘(松菴公墓)에서 · 135
249. 학당재(學堂齋)에서 · 151
250. 사인공단(舍人公壇)에서 · 175
251. 상수재(湘水齋)에서 · 191
252. 봉가지(奉哥池)에서 · 213

부록: 歷史探訪講論資料 · 233
　　　한가락 찾아간 차례 · 249

241. 영모재(永慕齋)에서

어떻게 이어갈까
아버지 할아버지

생각은 오직 하나
나라가 첫째라고

그러면 두고보잔다
저 아이들 어떤가

최중관

▲ 영모재(永慕齋)

▲ 정간공단(貞簡公壇) 앞에서

▲ 정간공단

▲ 영모재에서

241. 永慕齋 (영모재)

永慕齋在忠淸北道淸原郡梧倉邑慕亭里金貞簡公追慕處
也公諱永煦號筠軒安東人祖諱方慶三韓壁上推忠靖難定遠
功臣匡靖大夫三重大匡都僉議中贊上將軍上洛郡開國公諡
忠烈- 考諱恂重大匡判三司事上洛郡諡文英妣齊平郡夫人陽
川許氏文敬公洪女以生公幼而穎異天性嚴毅沈重登科後爲
持平歷三司右尹以忠惠王侍從一等公爲推誠保節同德翊贊
功臣後王被執于元百官皆走匿公獨衛王中梁忠穆王卽位拜
贊成事以右政丞爲左政丞恭愍王元年封福昌府院君諫辨整
都監之罷後稱病退仕以謝恩使歸於元封上洛候親舊有匱乏
無不調給或謂公曰盍爲諸孫求官公曰子孫果賢國家自用之
苟不賢雖得之可保乎恭愍王十年辛丑五月十二日卒享年七
十也墓失傳奉設壇也孫士廉及綏麗末節臣一門雙節哉讚曰

已越淸明花信微　娘城陽地一車騑

連翹馥岸高壇肅	瓦屋噲正齋閣巍
연교복안고단숙	와옥쾌정재각외
親祖大功靑史燦	愛孫狷節丹誠頎
친조대공청사찬	애손견절단성기
盡心諸事成師表	羅代千年王胤威
진심제사성사표	나대천년왕윤위

241. 영모재(永慕齋)

영모재는 충청북도 청원군 오창읍 모정리에 있다. 김정간공을 추모하는 곳이다. 공의 휘는 영후(永煦)요, 호는 균헌(筠軒)이며 안동인이다. 조의 휘는 방경(方慶)이요, 삼한벽상추충정난정원공신 광정대부 삼중대광 도첨의 중찬 상장군 상락군 개국공이요. 시호는 충렬이다. 고의 휘는 순(恂)이요, 중대광판삼사사 상락군이다. 시호는 문영이다. 어머니 제평군부인은 양천 허씨 문경공(文敬公) 홍(洪)의 따님으로 공을 낳았다. 공은 어려서부터 특이하여 천성이 곧고 엄숙하며, 침중하고 무거웠다. 과거에 오른 뒤에 지평이 되어 삼사우윤을 지나 충혜왕을 따라 모신 일등 공신으로, 추성보절동덕익찬공신이 되었다. 뒤에 왕이 원나라에 잡힘이 되었을 때에 모든 백관들이 다 달아나 숨었는데, 공이 홀로 왕을 모시고 호위하다가 창을 맞았다.

충목왕이 즉위함에 찬성사에 임명되고 우정승으로써 좌정승이 되었다. 공민왕 원년에 복창부원군에 봉해졌다. 변정도감을 파할 것을 간하고 뒤에 병을 칭하여 벼슬에서 물러났다가 사은사가 되어 원나라에 갔다가 돌아와 상락후에 봉해졌다. 모자라고 어려운 친구가 있으면 두루 나눠주지 않음이 없었다. 혹 공에게 일러 말하기를 "어찌 모든 자손들의 벼슬을 구하지 않습니까" 하니, 공이 말하기를, "자손이 과연 어질면 국가에서 스스로 쓸 터인데 진실로 어질지 못하면 비록 구한다 하더라도 가히 보존할 수 있겠는가" 했다.

공민왕 10년 신축년 5월 12일에 돌아가니 향년 70이었다. 산소는 실전되어 단을 설치하였다. 손자 사렴(士廉) 및 수(綏)는 여말절신으로 한집안에 쌍절이 나왔도다. 기려 노래하노니,

이미 청명이 지나 꽃소식이 은미한데
낭성땅 양지쪽에 한 수레 달려왔도다
개나리 향기 나는 언덕에 높은 단이 엄숙하고
기와집 넓은 마루 제각이 우뚝하도다
친할아버지의 큰 공이 청사에 찬란하데
사랑스런 손자 굳은 절개 붉은 정성이 크도다
마음을 다한 모든 일이 사표로 빛나니
신라 천년 왕손의 위엄이로다   전

겉치레 껍질일랑
저만치 버려두고

오로지 나라사랑
힘든 이 끌어안고

자라는 피붙이에겐
바른 길만 보인다

고룡 맹 치 덕

영모재(永慕齋-淸原)에서

앞장서 나갈 때는
다짐은 두 곱이다

멀다고 마다할까
임금님 모시는 일

뒷날에 우리아이들
홀로서길 보리라

　　　　노산당　전향아

맵고냐 굳이 굳센
할배는 나라 지켜

밝아라 문채 나는
그 아배 뒤를 잇고

곧아라 크고 크도다
그 아들을 예 기려

갑고 홍영표

영모재(永慕齋-淸原)에서

목련꽃 봉오리 진
오창 골 높은 언덕

창 들어 임 지키고
벗들에 베풀었네

고맙다 그려 찾는 손
줄로 서서 절하다

　　　　서봉 조철식

튼튼한 울타리라
이름을 지녔으니

뉘뉘로 이어가는
올곧은 집안이라

첫째가 나라 지키자
고집스런 한마음

설 전 임 준 신

모시고 받드는 일
둘이며 하나로다

위부터 내린 자취
아래로 이어져서

나라와 어버이 섬김
으뜸 집안 되었네

우인 경우수

높으신 할아버지
그 얼을 이어받아

나라의 부름으로
몸바쳐 임금섬겨

아들에 가르침되어
한 집안을 키웠다

예주 김 영 기

마을은 오동곳집
봄이라 꽃도 피고

곧은 이 하신 말씀
아련히 들려온다

아버지 할아버지 뜻
길이길이 이으리

　　　　　　가산　임봉훈

토끼달 찬바람이
소매속 숨어드니

어릴적 뛰어놀던
저 언덕 할아버지

오늘은 서울 손들과
함께하여 절한다

　　　　　　서원 김용대

영모재(永慕齋)에서

두온마흔한 번째 한가락 모임
때 : 4343(2010)년 4월 11일, 일요일, 맑음
곳 : 영모재(永慕齋) - 충청북도 청원군 오창면 모정리

오늘은 봄 날씨답게 한결 맑고 온화하다. 긴 세월 함께 발이 되어 준 한양(漢陽)대학교 버스는 9시 사당역(舍堂驛)을 출발한다. 특히 동천서숙(東天書塾) 한시 시우회원으로 10여 년 동안 한문공부를 하고 연구 하였으며 숭조사상(崇祖思想)이 남다르게 높고 깊은 서원(西原) 김용대씨의 선조 안동(安東) 김정간(金貞簡)공을 모신 영모재를 찾아갔다.

단기 4343년 4월 11일으로서 한가락 학술탐방 21년째 첫 달이다. 오전10시 새롭게 단장된 안성맞춤 휴게소에 들려 따끈한 음료 한 잔으로 잠시 휴식을 취하였다. '동서(東西)를 여는 희망(希望)의 길'이라고 언덕 위에 음각된 대형 자연석(自然石) 바위가 눈길을 끈다. 상큼한 아침공기 가르며 달려간 모정리(慕亭里)는 서울에서 가까운 곳으로, 10시 50분경 마을 입구에 도착하니 회장을 비롯하여 여러분이 마중을 나오셨다. 그리 높지 않은 완만한 산세(山勢)와 울창한 숲은 풍요로운 농촌 풍경이다.

사당(祠堂)과 묘역(墓域)에 심어 놓은 동백 및 사철나무들이 싱그럽고 봄의 전령사(傳令使)인 목련화(木蓮花)가 울긋불긋 꽃 맹아(萌芽)리가 뽐내며 화사하게 피고 있다. 붉게 핀 철쭉 꽃 언덕에는 진천군 종친회 성묘단 기념식수(紀念植樹)로 동백나무 등 180본을 심었다고 팻말에 새겨 놓았다. 안내문에는 '여말(麗末), 바른말 잘 하기로 유명한 충신 안렴사(按廉使) 사렴(士廉)이 고려가 손국(遜國)이 되자 이성계의 부름에 나아가지 않고 오근(梧根)으로 은퇴 하였으니 불사이군(不事二君)의 절개를 기리고자 하였다'고 돌

에 새겨 처마 끝 벽에 붙여놓았다.

묘역 입구의 선세사적록(先世事蹟錄)에 정간공부군(貞簡公府君)과 그의 아들 영삼사사공부군(領三司事公府君)의 설단(設壇), 영건기(營建記)가 있다. '안렴사공 22세손 김태석(金泰錫), 이점우(李点雨) 부부 (燕岐郡)와 영삼사사공의 계파(季派), 김철회(金哲會 : 서울)의 수공(殊功)으로 이곳 오근도산(梧根陶山)에 영단(靈壇)을 세웠으니 탁절(卓絶)한 숭조 애종 정신을 영세상전(永世相傳)한다'라고 하였다. 조상의 묘역을 가꾸고 보전하는 것은 우리 민족의 미풍양속(美風良俗)이다. 본받아야 함이 마땅하지 않을까?

정간공 부자의 설단을 참배하고 곧 사당에 내려와 중관선생님이 준비하신 자료로 공부하고 토론(討論)하였다. 오늘 자세하게 보충설명을 한 김좌회(金佐會) 교수는 후손으로서 남다른 학문적 숭조사상과 특출한 연구심이 인상적이었고 이어서 문중에서 마련한 식당으로 자리를 옮겼다.

예부터 우리 민족은 예절(禮節)의 전통(傳統)이 지구상(地球上) 어느 나라 보다 밝아서 행동으로 옮기는 것이 곧 불문율(不文律)이 되어 있다. 중국정사(中國正史) 동이전(東夷傳) 외 여러 곳에 다음과 같은 글귀가 있다.

'東夷率皆土着하야 憙飮酒歌舞하고 器用俎豆하니 所謂中國失禮면 求之四夷者也'라 하였다. 즉 東夷 사람들은 본래부터 살고 있었던 토착민이고 기쁠 때 음주가무를 하고 혹은 모자와 비단 복식을 하였고 제사 지낼 때 그릇을 사용하였다. 이르는바 '중국이 禮를 잃어버리면 夷族에게서 배워 구하였다'라고 하였다. 이웃나라들이 배워가고 부러워하는 모습은 법도(法度)와 예절을 지켜온 우리 민족의 자부심을 새삼 반추(反芻)하게 하고 선조의 음덕(蔭德)으로 대를 이어온 안동김문의 후한 대접을 받았다.

오늘 함께한 회원(會員)은 西原 金容大, 甲皐 洪永杓, 瑞峯 趙徹植, 雪筌 任準臣, 靜山 孫昌鳳, 又仁 慶佑秀, 古龍 孟致德, 浴川 崔章鎬, 瑩峯 吳外銖, 海月 蔡賢秉, 鈴山 李道燮, 魯山堂 全香阿, 筆者인 佳山 任奉壎 그리고 古龍의 제자인 중원중학교 맹주한(孟柱韓), 김국평(金國平)군과 박영만(朴永萬), 김영석(金永錫), 서창율(徐昌律)씨가 참여 하였고 안동김문의 김영만(金榮萬) 회장, 김태문(金泰文) 부회장, 김홍식(金洪植) 사무국장, 김재성(金在晟),

김용주(金容周), 김관묵(金觀默), 김성회(金聖會)씨와 김좌회(金佐會) 교수이다. 아름다운 고장 오창면(吳倉面) 모정리(慕亭里)에서 향기로운 봄내음과 함께 한 여말(麗末)의 역사 탐방은 값있고 즐거운 하루가 되었다. 차운시 3수와 시조 1수를 덧붙인다.

가산 임봉훈 씀.

桃月梧倉春色微	복숭아달 오창에는 봄빛이 희미한데
高齋檐上白雲騑	높은 재실 처마위에 하얀 구름이 달리고 있도다
松原陽地壇碑卓	솔언덕 따뜻한 땅에 단비가 우뚝하고
躑嶺岐山瓦屋巍	철쭉은 고개 비탈진 산에 기와집이 높도다
奉主狷臣忠節烈	임금을 받든 고집스런 신하는 충절이 매웠고
爲人助事丹誠頎	남을 위해 돕는 일엔 붉은 정성이 컸도다
安東閥族金門訪	안동의 벌족 김문을 찾으니
今日歎聲貞簡威	오늘 감탄하는 소리는 정간공의 위엄이로다

佳山 任奉壎

大壯寒風已細微	음력 2월달 찬바람이 이미 작아지는데
慕亭鄕里促鞭騑	모정 고향마을로 채찍을 독촉해 달렸도다
丘山壇墓崇嚴肅	언덕 산의 단과 묘는 높고도 엄숙하고
神道齋碑雄太巍	신도의 재실과 비는 웅장하고도 크고 높도다
貞簡公忠誠懇盡	정간공 충성은 정성의 간절함을 다했고
按廉使節狷忝頎	안렴사 절개는 고집스런 강인함이 컸도다
宦途出處傳模範	벼슬길 나가고 물러감에 모범을 전해주었으니
甲族金門萬世威	갑족인 김씨 문중의 만세의 위엄이로다

西原 金容大

黃兎慕亭春色微　2월달 모정리엔 봄빛이 희미한데
齋前道側草香馞　재실앞 길옆에는 풀향기 나는구나
山陽塢上崇壇肅　산 남쪽 언덕위엔 높은 단이 엄숙하고
瓦屋庭中誠敬巍　기와집 마당 안 엔 정성과 공경이 높도다
節義古風家訓固　절의의 높은 바람 가훈으로 굳었고
忠臣功績世聲頎　충신의 공적으로 세상소문이 크도다
祖孫愛孝傳來裏　할아버지와 손자의 사랑과 효도 전하고 있으니
今日安東金閥威　오늘의 안동 김씨의 큰 위엄이로다

　　　　　　　　　　　　　　　　鈴山 李道燮

兎月山川春色微　사월 산천엔 춘색이 은근한데
詩車南向娘城馞　시인을 실은 수레 남쪽 낭성으로 달린다
高齋瓦屋京儒迓　높은 재실 기와집은 서울 선비 맞이하고
永慕楣名筆興巍　영모재 현판 글씨 붓의 흥이 높구나
家祖爲君忠諫特　할아버진 임금을 위하여 충성으로 간하였고
直孫易姓節心頎　손자는 나라가 바뀜에 절개의 마음 컸도다
賡歌一座氤氳裏　빙들러 앉아 시를 읊으니 기운이 넘치는 속에
再感安金麗末威　거듭 안동김문의 여말 위엄에 감동하도다

　　　　　　　　　　　　　　　　魯山堂 全香阿

봄바람 꽃샘추위 한두 번 겪었던가
노 그린 꽃봉오리 필법도 했으련만
임 보기 한스러움에 필동말동 하여라

　　　　　　　　　　　송암 김 영 석

242. 상당사(上黨祠)에서

한 살이 적었지만
벼슬길 함께하며

오로지 나라 생각
지켜간 사이인데

그 날의 슬픈 일에는
하늘이여 외쳤다

　　　　　　　최중관

▲ 상당사(上黨祠)

▲ 상당사(上黨祠) 앞에서

▲ 문량공단비

▲ 문량공 공부를 하며

242. 上黨祠 (상당사)

上黨祠在忠淸北道淸州市上黨區明巖洞郭文良公追慕處
也公諱樞號秋巖又仰天齋淸州人高祖諱預知密直司事曾祖
諱雲龍禮部正郎祖諱延俊典法判書淸原君考諱琛門下平章
事妣淸州鄭氏版圖判書怡女以忠肅王復位七年戊寅生公於
淸州楸洞自幼有大度及長廉淨寡欲喜怒不形望重夙著與鄭
圃隱同學年少一歲道義甚密恭愍王九年庚子以國子進士同
科因居松京踐歷臺省以淸直著揚于王庭壬寅同圃隱選入翰
林院冬十二月辭官歸鄕圃隱惜別詩曰手操褒誅筆高節不可
折白日慘不輝陰雲擁無缺何時春風塲會合無離別倂駕同長
途胸中共君說十年屛跡林泉若將終身恭愍王二十三年甲寅
爲中顯大夫藝文館直提學翌年加中顯大夫密直司右代言寶
文閣提學知製敎知軍簿事同知書筵事驪興王四年戊午遷奉
翊大夫簽書密直司事翌翌年錄端誠輔理功臣加三重大匡封

上黨君常志在致澤憂國如家而一念憂虞不忘君國然國事日
상 당 군 상 지 재 치 택 우 국 여 가 이 일 념 우 우 불 망 군 국 연 국 사 일

非知其事無可爲則見機快退浩然歸山驪興王十四年戊辰威
비 지 기 사 무 가 위 즉 견 기 쾌 퇴 호 연 귀 산 여 흥 왕 십 사 년 무 진 위

化島回軍後也五年後四月起善竹橋悲事則仰天大痛曰天乎
화 도 회 군 후 야 오 년 후 사 월 기 선 죽 교 비 사 즉 앙 천 대 통 왈 천 호

天乎我將安歸乎與諸賢會盟同隱新朝屢徵終不起隱于長湍
천 호 아 장 안 귀 호 여 제 현 회 맹 동 은 신 조 누 징 종 불 기 은 우 장 단

十川橋以新朝十四年乙酉七月七日卒享年六十八也葬于長
십 천 교 이 신 조 십 사 년 을 유 칠 월 칠 일 졸 향 년 육 십 팔 야 장 우 장

湍草芝谷配安東權氏典工判書儼女一男恂麗朝少卿継志自
단 초 지 곡 배 안 동 권 씨 전 공 판 서 엄 녀 일 남 순 여 조 소 경 계 지 자

靖後配驪興閔氏棲閑堂忭女三男泓煇惲又有女壻三也讚曰
정 후 배 여 흥 민 씨 서 한 당 변 녀 삼 남 홍 휘 운 우 유 여 서 삼 야 찬 왈

欲問親交若水魚　娘城疾走探知車
욕 문 친 교 약 수 어　낭 성 질 주 탐 지 거

楣名上黨高祠特　神道碑銘大節書
미 명 상 당 고 사 특　신 도 비 명 대 절 서

與圃同科僚翰苑　棄官惜別吟堪輿
여 포 동 과 요 한 원　기 관 석 별 음 감 여

竹橋悲事號天痛　安去長嘆爲獨雎
죽 교 비 사 호 천 통　안 거 장 탄 위 독 저

242. 상당사(上黨祠)

상당사는 충청북도 청주시 상당구 명암동에 있다. 곽문량공을 추모하는 곳이다. 공의 휘는 추(樞)요 호는 추암(秋巖)이며 또 앙천재(仰天齋)로 청주인이다. 고조의 휘는 예(預)요 지밀직사사였고, 증조의 휘는 운룡(雲龍)이며

예부정랑이요, 조의 휘는 연준(延俊)이요 전법판서요 청원군이었다. 고의 휘는 침(琛)이요, 문하평장사였고, 어머니는 청주정씨로 판도판서를 지낸 이(怡)의 따님이다. 충숙왕 복위 7년 무인(戊寅)에 공을 청주 추동에서 낳았으니, 공은 어려서부터 큰 도량이 있었고, 자람에 이르러 청렴하여 욕심이 없었다. 기쁨과 성냄을 드러내지 않으니 남들이 일찍이 큰 재목으로 쓰일 것을 알았다. 정포은과 더불어 함께 공부하였는데 한 살이 적었으나 은밀한 도의로 사귀었다.

공민왕9년 경자에 국자진사로 함께 과거에 올랐다. 따라서 개성 송경에 거하며 관청일을 봄에 청렴하고 정직함으로 조정에 이름이 드러났다. 임인년에 포은과 함께 한림원에 들어갔으나, 겨울 12월 벼슬을 사양하고 고향으로 돌아갔는데 포은이 이별을 노래하여 말하기를,

　손에는 상과 벌을 쓰는 붓이요
　높은 절개 가히 꺾을 수 없도다
　밝은 해도 슬퍼서 빛나지 못하고
　검은 구름 끼어서 빈틈이 없도다
　어느 때 춘풍의 마당에서
　다시 만나 이별이 없을꼬
　아울러 함께 수레를 타고 먼 길을 가면서
　흉중을 그대와 함께 말 할 수 있을까

10년을 자취를 감추고 임천에서 장차 몸을 마치고자 했는데, 공민왕 23년 갑인에 충현대부 예문관직제학이 되었고, 다음해 중현대부밀직사 우대언 보문각제학 지제교 지군부사 동지서연사를 더했다. 여흥왕 4년 무오에 봉익대부 첨서밀직사사로 옮겼고, 다음 다음해에 단성보리공신이 되었고, 삼중대광을 더하여 상당군에 봉해졌다. 항상 뜻이 치덕에 있어 나라근심을 집같이 하였고, 일념으로 뜻하지 않은 근심이 있을까 걱정하며 나라와 임금님을 잊지 못하였다. 그러나 나라일이 날로 잘못되어가니 그 어찌할 수

없음을 알고 기미를 보고 쾌연히 물러나 고향 산으로 돌아갔으니, 여홍왕 14년 무진에 위화도회군이 있은 뒤였다. 5년 후 4월에 선죽교의 슬픈 일이 일어난즉 하늘을 우러러 크게 통곡하며 말하기를, '하늘이여, 하늘이여, 장차 어디로 돌아가겠는가.' 제현들과 더불어 함께 숨을 것을 맹세하니 새로운 조정에서 여러 번 불렀으나 나가지 않았고 장단 십천교에 숨어들었다. 새조정 14년 을유년 7월 7일에 졸하니 향년 68이었다. 장사는 장단 초지곡에 모셨다. 아내는 안동권씨 전공판서 엄(儼)의 따님이다. 1남이 있으니 순(恂)이요 여조에 벼슬은 소경(少卿)이며, 아버지의 뜻을 이어 스스로 다스리며 살았다.

후부인은 여흥민씨로 서한당 변의 따님인데 3남을 두었으니 홍, 휘, 운이요 세 사위가 있었다. 기려 노래하노니,

친히 사귐을 물고기와 물같이 하는 이를 물어보고자
낭성으로 질주하여 더듬어 알려는 수레로다
현판 이름이 상당이란 높은 사당이 우뚝하고
신도비에 새긴 글은 큰 절개를 썼도다
포은과 함께 과거하여 한림원의 동료였고
벼슬을 버리고 이별할 때 천지를 읊었도다
선죽교의 슬픈 일, 하늘을 부르짖어 울었으니
어디로 가리요 탄식하는 외로운 저구새가 되었구나   전

밝은 돌 틈 사이로
맑은 물 흘러흘러

채마밭 갈던 벗과
가꾸던 푸른 언덕

하늘아 애타는 마음
망울 멍든 진달래

　　　　　벽고 장대열

맑은 얼 깃들어서
푸르른 물결 되고

나라를 내 몸같이
밀려든 시름 속에

저 하늘 소리쳐 봐도
대답 없는 메아리

고룡 맹치덕

배움을 같이하던
벗이요 스승인데

다리 일 어처구니
하늘도 말이 없네

이제는 벼슬도 싫다
머얼리로 떠나리

        노산당 전향아

맑고나 고을 이름
깨끗한 임의 자취

더불어 공부하고
벼슬길 나라걱정

다리 위 슬픈 일 나니
하늘 불러 어쩌나

갑고 홍영표

밝은 해 빛을 잃고
구름이 겹겹인데

띠동갑 헤어지고
만날 날 바랐더니

대다리 슬픈 말 듣고
갈 곳 없어 울었네

　　　　　서봉 조철식

깨끗한 언덕에서
어진이 태어났고

한 살이 적었지만
언제나 함께였네

반쪽을 읽은 슬픔에
하늘보고 울었다

설 전 임 준 신

맑고도 깨끗하니
작고 큼 바로 알고

낮추고 올려준 글
벼리에 꼭 맞으나

일 글러 다리 일 나자
하늘 불러 외쳤네

           우인 경우수

솔서울 다리목에
피뿌린 해코지로

나랏일 걱정되어
하늘에 울부짖고

함께한 올곧은 얼로
끝내 지킨 붉은 맘

　　　　　　석초 홍오선

꽃비가 내리는 날
깊은 숲 우물길에

아끼다 부른 노래
하늘아 하늘이여

찾는 이 애타하거늘
꼭꼭 숨은 긴 여울

                가산 임봉훈

상당사(上黨祠)에서

두온마흔두 번째 한가락 모임
때 : 4343(2010)년 5월 2일, 일요일, 맑음
곳 : 상당사(上黨祠) - 충청북도 청주시 상당구 명암동

　예전의 5월과는 달리 올해의 5월은 서늘하여 아침저녁으로 추위를 느낄 정도라 기후변화가 심하다. 100여 년만에 찾아온 기상변화라니, 농경사업으로 생활을 꾸리는 사람들은 걱정이 이만저만이 아닐 것이다. 한가락 회원이 모이는 오늘은 모처럼 맑고 따뜻한 날씨이다. 9시 사당동을 출발한 22명은 중관선생님, 갑고, 벽고, 서봉, 고룡, 욕천, 설전, 석초, 가산, 삼우당, 해월, 손창봉, 윤현정, 이도섭, 조승일, 이한국, 이상칠, 그리고 장미라는 예쁜 이름의 아가씨와 친구분, 고룡이 가르치는 학생 2명까지 22명이다. 이번 242회 역사탐방은 맑은 바람 시원하기로 소문난 충청북도 청주의 곽문량(郭文良)공의 사당을 찾는 날이다.
　11시 10분 상당약수터를 들어서니 문중어른들께서 나와 계신다. 버스를 내려 인사를 나누며 언덕으로 조금 올라가니 바로 깨끗이 정돈된 상당사(上黨祠)가 있다. 맑은 바람에 깨끗이 씻기운듯 향내 나는 기와가 반짝거린다. 지은 지가 그리 오래되지는 않았나보다. 사당에 참배를 올린 다음 바로 밑에 있는 음식점의 평상 3개에 나뉘어 앉아 공부하기로 하고 자료를 받아 들었으나 꼭 물놀이 나온 기분이다. 물소리 바람소리 맑은 수풀 내음으로 잠시 속세를 떠나있는 기분이 든다.
　자료공부에 들어가 '상당사는 충청북도 청주시 상당구 명암동에 있으며 곽문량공을 추모하는 곳으로, 공의 휘는 추(樞)요 호는 추암(秋巖)이며 또 앙천제(仰天齋)로 청주인이다.' 등의 곽문량공에 대한 행적과 중관 선생님

께서 찬하신 한시를 갑고의 선창으로 읊고, 또 선생님의 시조도 다 같이 읊었으며, 끝으로 찬하신 한시의 운자에 차운하여 한시를 읊을 사람은 또 지어 읊어 보기로 하면서 문중에서 차려주신 점심 닭도리탕을 맛있게 먹었다. 발밑에 흐르는 물소리를 음악인양 감상하면서 먹는 음식 맛은 한결 맛있었다.

  오늘 같이 맑은 날, 좋은 곳에서 모인 만큼 어떤 시어(詩語)들이 가슴을 울릴까 자못 기대해 보면서 김용대 님의 차운 한시를 덧붙인다.

노산당 전향아 씀.

時好飛鳶且躍魚   때는 좋아 솔개가 날고 또 물고기가 뛰는데
娘城探訪漢陽車   낭성을 찾아가는 한양의 수레로다
牛岩深谷高祠侍   우암 깊은 골에는 높은 사당이 모셔졌고
上黨楣名大筆書   상당이란 현판은 큰 붓글씨로 썼도다
寡欲廉淸無喜怒   욕심이 적고 청렴하여 기쁨과 노여움이 없었고
同科翰院交堪與   과거를 함께하여 한림원에서 하늘땅으로 사귀었도다
亂臣易姓千秋恨   난신들의 역성혁명에 천추의 한이 되어
寤寐慷悲淚隻雎   자나 깨나 분하고 슬퍼서 외짝의 저구새가 울고 있도다

西原 金容大

243. 도총제공묘(都摠制公墓)에서

이제는 할 수 없다
인끈을 내던지고

숨어든 매성고을
나무꾼 어떠하랴

눕자리 마련하고서
바라보자 옛서울

최 중 관

▲ 도총제공묘(都摠制公墓)

▲ 도총제공묘(都摠制公墓) 앞에서

▲ 도총제공묘비

▲ 도총제공묘에서

243. 都摠制公墓 (도총제공묘)

都摠制公墓在京畿道議政府市自逸洞竹山朴公諱德公幽
宅也高祖諱煇典法判書曾祖諱宜之太僕卿祖諱時滋戶部尙
書考諱守謙吏部尙書延興君妣慶州金氏典校令承策女以生
公自幼英敏文武精備進官至資憲大夫都摠制及麗末國事日
非知將亂棄官退隱于楊州光陵山中簞瓢自樂行義自高壬申
變易後屢有弓旌之招矢心罔僕終不應命自謂亡國孤臣不可
以官爵尊稱遂草衣野服晦迹樵牧未嘗出一步於洞壑之外竟
卒山中葬于楊州松山金谷辰坐望松京之穴今現位置也新朝
四十七年戊午立碣麗制也配羅州縣夫人錦城吳氏代言仲卿
女有二男坤培也嗚呼公之大節似再從叔松菴門壽之節哉入
山不出兮勿稽之琴哉晦迹樵牧兮被髮携琴哉墓穴望松兮雲
仍報本之至誠哉諸墓儀欲從舊制兮守有數高門正統哉讚曰

　　　　往昔狖年輒起虞　一車探問楊州驅

洞名自逸古墳特　麗制殘痕新石敷
동 명 자 일 고 분 특　여 제 잔 흔 신 석 부

棄仕遠韜塵事絶　拒徵深入樵叟娛
기 사 원 도 진 사 절　거 징 심 입 초 수 오

松京坐向明堅節　崇祖丹誠後裔姝
송 경 좌 향 명 견 절　숭 조 단 성 후 예 주

243. 도총제공묘(都摠制公墓)

　　도총제공 산소는 경기도 의정부시 자일동에 있는데, 죽산박씨로 덕공(德公)선생의 유택이다. 고조의 휘는 휘(輝)요 전법판서였고, 증조의 휘는 의지(宜之)요 태복경이었다. 조의 휘는 시자(時滋)요 호부상서였다. 고의 휘는 수겸(守謙)이요 이부상서였고, 연흥군이다. 어머니는 경주김씨로 전교령을 지낸 승책(承策)의 따님으로 공을 낳았다. 공은 어려서부터 영민하고 문무를 알차게 갖추었다. 벼슬에 나가 자헌대부도총제에 이르렀다. 고려말에 이르러 나라일이 날로 잘못되어 장차 어지러울 것을 알고 벼슬을 버리고 양주 광릉산 가운데로 물러났다. 그리하여 단새기 표주박에 음식을 먹으면서 스스로 즐기고, 의로운 행동으로 스스로 의를 높였다. 임신년 변역에 뒤에 자주 무관벼슬로 불렀으나 맹세코 망복의 뜻을 지키려는 마음으로 끝내 명에 응하지 않았고, 스스로 이르기를, '망한 나라의 외로운 신하이니 가히 벼슬로써 높이 칭할 수 없다' 하고 베옷이나 야복으로 꼴을 베는 척 또는 나무하는 척 자취를 감추고 한 발자국도 마을 밖을 나가지 않고 끝내 돌아가니, 양주 송산 금곡 진좌의 언덕에 장사지내니, 송경이 바라보이는 혈로써 지금의 현 위치이다. 새로운 조정 47년 무오에 고려 재도로 비갈을 세웠다. 부인은 나주현부인 금성오씨로 대언 중경(仲卿)의 따님으로 아들 둘을 낳았으니 곤(坤)과 배(培)이다.

　　오호라! 큰 절개여, 재종숙 송암공 박문수(朴門壽)의 절개로다. 산에 들어가 나오지 않음이여, 물계자(勿稽子)의 거문고로다. 자취를 나무꾼과 목동으로 감춤이여, 피발휴금(被髮携琴)이로다. 묘의 혈이 송경을 바라봄이여, 후손들의 근본에 보답함이 지극한 정성이로다. 저 산소의 의식에 옛 제도를 따름이여, 여러 높은 문중의 정통을 지킴이로다. 기려 노래하노니,

 옛날 원숭이 해의 일이 문득 근심스럽게 일어나니
 한 수레를 몰아 물어서 양주 고을을 더듬었도다
 마을 이름은 자일이요 옛 무덤이 특별한데
 고려제도 남은 흔적에 새 돌로 꾸며놓았도다
 벼슬을 버리고 자취를 감춰 세상일을 끊고
 부름을 거절하고 깊이 들어가 나무꾼으로도 즐겼도다
 송경을 향해 앉으니 굳은 절개 밝힘이요
 조상을 높이는 붉은 정성이라 후손들이 아름답도다 전

먹 갈고 칼 다듬어
드높인 누리인데

길 막혀 갈 곳 잃어
모 심고 꼴 베지만

큰 길만 닦고 가리라
밝은 고을 그리며

벽고 장대열

바깥 일   보지말자
새겨서 다짐하고

거친 밥   삼키면서
임 그려 타는 마음

몇 즈믄 흐른다 해도
항상 거기 서있다

     고 룡   맹 치 덕

때 따라 낌새 따라
찾아든 깊은 터에

살아서 잊지 못해
죽어서 바라본다

누구도 할 수 없다는
따라갈까 지름길

     욕천 최장호

예라면 보이겠지
서울 길 어디라도

풀 뜯고 나무 베며
살면서 잊으리라

우리 얼 바로 지키니
눕자리를 보아라

        노산당 전향아

비 갠 날 하늘 맑아
거문고 소리 곱다

옛 서울 바라보며
외진 곳 찾아들어

삼베 옷 흙속에 숨고
돌 기둥만 줄로 서

　　　　　　서 봉　조 철 식

머리 속 맑게 빛남
따를 이 없음인데

나라가 힘을 잃어
인끈도 풀어 놓고

나무꾼 깊은 마음을
삭일 수가 없어라

　　　　설 전　임 준 신

대 그릇 표주박도
기꺼이 맞이하며

인 끈을 풀어 놓고
숨어든 볕 바른 골

옛 님을 어떻게 잊나
누어라도 보겠네

      우인 경우수

도총제공묘(都摠制公墓)에서

두온마흔세 번째 한가락 모임
때 : 4343(2010)년 6월 13일, 일요일, 맑음
곳 : 도총제공묘(都摠制公墓) - 경기도 의정부시 자일동

　오늘은 한 가락 역사 탐방 제243번째 경기도 의정부에 있는 박덕곡공의 유적을 찾아 가는 날이다. 어제 남아공월드 컵 경기에서 우리나라 축구 대표팀은 B조 첫 경기를 치렀는데 상대인 그리스를 맞아 통쾌하게 2:0완승을 거두며 국민들에게 짜릿한 쾌감을 선사했다. 열성적인 젊은이들은 계속되는 비를 무릅쓰고 거리를 돌며 전국적으로 열심히 응원을 해줬다. 거국적인 국민들의 열망이 통했는지, 우리나라 대표팀은 만만찮은 서양 선수를 맞아 마음껏 기량을 발휘하여 귀한 첫 승리를 안겨준 것이다.
　밤새 내리던 비는 아침이 되자 차츰 잦아들기 시작하더니, 집을 나설 때는 우산을 쓰지 않아도 되었다. 갑고님은 컨디션이 좋지 않아 참석치 못하겠다고 하셨고, 서봉님과 약속한 방이역으로 나가니, 서봉선생님이 이미 도착해 기다리고 계셨다. 약속 시간 8시30분이 넘어서고 있는 것이다. 우리는 승강장으로 천천히 내려갔다. 열차는 방금 전 출발하고, 우리는 다음 차를 기다려야 했다. 요즘음 지하철은 우리들의 교통 문화를 커다랗게 바꿔 놓고 있다. 언제 올지 모르는 버스를 마냥 기다려야 하거나, 만원 버스에 아침에 빳빳이 다려 입고 나온 양복을 엉망으로 구기며 시달려야 하는 등, 늘 있어왔던 불편한 현상을 일순에 해결해 준 것이다. 전철 안은 일요일을 맞아 나들이 나선 승객들이 군데군데 여유롭게 앉아 있다. 우리는 5호선을 이용해 군자역으로 가서 7호선과 1호선을 이용해 의정부로 갔다. 의정부 2층 대합실로 오르는 승강기 앞에서 정산님을 만났다.

약속 장소엔 이미 선생님이 하얀 두루마기차림으로 나와 계셨고, 벽고, 고룡, 설전, 이도섭씨 등이 와서 기다리고 있다. 노산당은 여기저기 전화하기에 바쁘고, 조금 있으니 욕천이 씩씩하게 걸어서 오고, 이어 가산과 삼우당이 도착했다. 학교에서 아이들을 가르치는 고룡은 오늘도 제자 한 명을 데리고 왔다. 곱상하게 생긴 김국평이란 학생인데, 한가락처럼 우리 문화를 이어가는 행사를 보고 우리 문화를 이해할 수 있는 계기가 되었으면 좋겠다는 생각을 해본다. 약속시간 10시가 조금 지나 우리를 맞이하려온 분의 안내로 승합차와 가산의 차로 나누어 타고 동북쪽 포천 방향으로 한 10여분 달리다 자일동 가야농원 앞에서 내렸다.
　공의 묘소는 큰 길에서 오른쪽으로 작은 길로 들어서 얕게 비탈진 언덕길을 오르다 서쪽을 바라다 보이는 언덕위에 있었다. 봉분은 커다랗게 전방후원분으로 석물이 잘 갖추어 모셔져 있다. 선생님 설명에 의하면 전방후원분은 고려 때 묘제이며, 그 때의 석물은 비석 위에 연꽃을 씌웠다고 한다. 좌향은 공이 이곳에 은거하다 마칠 때 유언으로, 송악을 바라보이는 곳에 쓰게 하여 잡은 곳으로, 둘레엔 소나무 잣나무 등이 잘 조성되어 있다. 상석은 세운지 얼마 되지 않은 듯 큼직하고 번듯하게 잘 갖춰져 있고, 검은 오석에 이수를 얹은 비석은 '고려충신자헌대부도총제죽산박공지묘배현부인금성오씨부(高麗忠臣資憲大夫都摠制竹山朴公之墓配縣夫人金城吳氏祔)'라 크게 새겨져 거북좌대 위에 세워져 있고, 구 석물도 함께 설치되어 있다. 우리는 묘소를 둘러보고 공(公)에 대한 묵념으로 예를 올리고 선생님의 공에 대한 간단한 설명을 듣고 묘소 앞에서 기념 촬영을 하고, 오늘 공부할 장소인 식당으로 내려 왔다.
　우리는 역사에 숨어 있는 자료를 찾아서 공부하고, 업적을 기려 세상에 드러내는 일을 하고 있다. 선생님은 많은 자료를 조사하여 오늘도 200자 원고지 3매에 정성들여 꼼꼼하게 손으로 직접 정서하여 오셨다. 하지만 정작 주인공의 후손들이 보이지 않으니 함께 하였으면 얼마나 좋았을까? 하는 생각을 해본다. 식당은 일요일 오전이라 그런지 별로 손님이 눈에 띄지 않고 비교적 한산한 편이다. 우리는 식당 한쪽의 별도로 자리한 곳으로 자리를 잡고, 이어 오늘 공에 대한 선생님의 강의가 시작 되었다.

  선생님의 강의를 끝으로 선생님이 지으신 시조창과 한시창으로 오늘 공부를 마쳤다. 이어서 식당 주인이 차를 내오고 평소에 궁금해 하고 있었는지 선생님께 어렵게 부탁하는 말로 벽에 걸린 액자의 글 풀이를 부탁해 왔다. 선생님께서 '횡금계산수 파주화상마(橫琴契山水 把酒話桑麻)라, 거문고를 끌어 안고 산수를 벗하며 술잔을 마주하고 농사를 이야기 한다.'라는 글이라고 풀이해 주셨다. 공부가 끝나고 노산당은 지난번 출판 기념식 결산 보고를 하고, 오늘 역사 탐방을 마쳤다.

우인 경우수 씀.

244. 영모재(永慕齋)에서

꿋꿋한 마음 하나
예 오면 보리로다

아버지 뒤를 따라
멀리로 숨어든 땅

몇 즈믄 나달이 가도
한결같은 빛이라

최중관

▲ 영모재(永慕齋)

▲ 영호군묘(領護軍墓) 앞에서

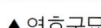

▲ 영호군묘

▲ 삼상사에서

244. 永慕齋 (영모재)

永慕齋在全羅北道群山市聖山面大明里蔡領護軍追慕處
也公諱玉澤平康人高祖諱謨中書侍郎平章事曾祖諱宗璘僉
議政丞祖諱文紹典法判書考諱陽生杆城王時文科禮曹參議
軍器少監及壬申變易禮成江上携家率南遯自以爲卿相家義
重罔僕也時公亦神虎衛保勝護軍上將軍或云領護軍以與諸
賢入杜門洞從父志隨行同歸臨陂上北面香林佛舍隱遁改名
王澤取不忘王氏之澤之義也新朝禮徵終不應每朔望北望松
京痛哭不已歎世而卒葬于香林山麒麟峰下戌坐辰向有墓碣
文人石矣配丹陽禹氏又礪山宋氏有一男孝順也嗚呼一門雙
節兮蔡門之禎哉子以從父志兮忠孝之元哉望松痛哭兮丹心
之無窮哉禮徵不起兮罔僕之堅哉乘船遠遯兮萬古忠節哉義
氣烈烈兮大儒之師表哉以玉改王兮爲麗狷心哉唯一哉贊曰

　　　水國群山名所齊　麒麟峰下一齋媞

高楹瓦屋廣庭坐	大節讚文烏石棲
고영와옥광정좌	대절찬문오석서
南遯乘船隨父志	北望痛哭戀松鄗
남둔승선수부지	북망통곡연송휴
蔡門忠孝甚稀貴	萬世逢逢師表礱
채문충효심희귀	만세봉봉사표비

244. 영모재(永慕齋)

영모재는 전라북도 군산시 성산면 대명리에 있다. 채영호군 추모처로다. 공의 휘는 옥택(玉澤)이요 평강인이다. 고조의 휘는 모(謨)요 중서시랑평장사였고, 증조의 휘는 종린(宗璘)이요 첨의정승이었고, 조의 휘는 문소(文紹)요 전법판서였다. 고의 휘는 양생(陽生)으로, 간성왕 때에 문과하여 예조참의 군기소감으로 임신변역에 이르러 예성강 위로 식솔을 끌고 남으로 은둔하였다. 스스로 생각하기를 경상가로서 의가 중요하니 망복의 뜻을 가져야 한다고 하였다. 때에 공 또한 신호위보승호군상장군, 혹은 이르기를 영호군으로 여러 어진이들과 두문동으로 들어갔다가, 아버지의 뜻을 따라 함께 임피 상북면 향림불사에 숨어들었고, 이름을 고쳐 왕택이라하니 왕씨의 은택을 잊지 않겠다는 뜻이다.

새 조정에서 예로 불렀으나 끝내 응하지 않았고, 매양 초하루 보름이면 북쪽 송경을 바라보며 통곡을 그치지 않았다. 세상을 한탄하다 돌아가니 장사는 향림산 기린봉 아래 술좌 진방향에 모셨고, 묘갈과 문인석이 있다.

부인은 단양우씨요, 또 여산 송씨로 1남이 있으니 효순(孝順)이다.

오호라! 일문에 쌍절이여, 채씨 문중의 상서로움인져. 아들이 아버지 뜻을 따름이여, 충효의 으뜸이로다. 송경을 바라보며 통곡함이여, 붉은 마음이 끝이 없음이로다. 예로 불렀으나 나가지 않음이여, 당신 밑에서 벼슬하지 않겠다는 굳은 뜻이로다. 배를 타고 멀리 숨음이여, 만고의 충절이로다. 의기가 우뚝함이여, 큰 선비의 사표로다. 옥자를 고쳐 왕자로 함이여,

고려를 위한 고집스런 마음이로다. 오직 하나뿐이로다. 기려 노래하노니,

 수국의 군산에 이름난 곳이 많으니
 기린봉 아래 한 아름다운 재실이로다
 높은 기둥의 기와집은 넓은 뜰에 앉았고
 큰 절개 찬하는 글은 오석에 아로새겨졌도다
 남으로 배를 타고 숨은 것은 아버지의 뜻을 따름이요
 북쪽을 바라보며 통곡한 것은 송경을 그리워함이로다
 채씨 문중의 충효는 심히 드물고도 귀한 것이니
 만세토록 사표의 북소리로 크게 울리리로다   [전]

언젠들 잊을소냐
이름에 담아두고

새쪽에 뿌린 눈물
촉촉이 스며들어

끝없이 솟는 싹이여
붉은 마음 닮았네

고룡 맹치덕

날마다 그 자리에
같은 곳 바라보며

푸르른 하늘바다
님의 뜻 닮았든가

솔내음 나는 이 자리
그 옛날의 그 멈춤

                욕천 최장호

아 어찌 잊으리오
옥(玉)자는 왕(王)자로다

어버이 이끄심에
옛 서울 그립더니

뒤뜰에 솟은 대나무
마디마저 굵구나

　　　　　　노산당　전향아

끝까지 임자 섬겨
이름도 바꿨노라

아버지 뜻을 쫓아
마녘에 숨었으니

이곳에 풍기는 내음
골잘해를 이으리

갑고 홍영표

아버지 모시고서
서당골 숨어 살며

옛 임금 그립다고
뫼 올라 울었으니

곧아서 걱정이라고
이은이들 일컬어

　　　　　서봉 조철식

윗분을 모시면서
아래를 거느리신

지금은 보기드문
가르침 주셨으니

어버이 뜻을 지켜온
아름다운 한 집안

　　　　설전　임준신

처음엔 사립 건 골
벗 들과 들었다가

다음엔 아버님과
무리 뫼 숨어들어

옛일을 잊지 않으려
이름 까지 바꿨네

우인 경우수

꿋꿋함 내려받아
새겨진 올곧은 얼

바꾸운 이름 글자
붉은 맘 오래오래

즈믄 해 몇 번 지나도
길이 빛날 그 이름

        석초 홍오선

물 따라 바다 멀리
배 몰아 숨어들어

아버지 말씀 듣고
띠풀집 지었노라

옛 임금 잊지 못하여
이름자도 바꿨다

가산 임봉훈

한 거믄 한 멧터에
할배님 드시오니

한마음 높은 뜻이
한즈믄 이어내려

한겨레 한가락으로
길이길이 빛나리

                해 월 채 현 병

영모재(永慕齋)에서

두온마흔네 번째 한가락 모임
때 : 4333(2010)년 7월 4일, 일요일, 맑음
곳 : 영모재(永慕齋) - 전라북도 군산시 성산면 대명리

    오늘은 전라북도 군산시 성산면 대명리에 있는 영모재(永慕齋)를 탐방하는 날이다. 지하철 2·4호선 사당역에 모여서 출발하기로 되어 있다. 아침 6시 40분쯤에 출발지에 나가니 지도 교수이신 중관 최권흥 선생님과 노산당 총무를 비롯해서 회원들이 나와 있었다. 회원들이 다 모이기를 기다려 전세 버스는 7시 좀 지나서 출발했다.
    경부고속도로에 접어들어 달리다가 기흥 휴게소에 들러 차를 마시고 잠시 쉬었다가 다시 출발했다. 장맛비가 그친 듯하던 날씨가 잔뜩 찌푸린 하늘에서 비가 쏟아지기 시작한다. 빗속에서 달리는 버스가 평택 들을 들어서니 억수로 쏟아지던 비가 그치기 시작한다. 광활한 평택 들이 비에 씻겨 발산하는 7월의 푸른빛은 차창 안 여행객의 눈을 더욱 시원하게 해 준다.
    평택 들을 거의 지날 무렵 고룡(古龍) 선생의 「화동인물총기(話東人物叢記)」 강의를 듣고 나니 버스는 천안을 지나 '공주 서천 고속도로'에 들어와 달린다. '정안 휴게소'를 지나서 서봉(瑞峯) 선생의 기씨조선사화(箕氏朝鮮史話) 강의를 들었다.
    '서천, 부여' 표지판을 보고 지날 무렵에 날씨는 다시 개여서 하늘이 희뿌옇다. 9시반쯤 부여의 '백제 휴게소'에 들러 10분쯤 쉬었다가 다시 출발했다. 동서천을 지나 '전라북도' 표지판을 보면서 달려 군산 요금소를 통과했다. 군산 시가지에 진입하여 군산 시외버스터미널 앞에서 차를 세우니

문중 대표 몇 분이 나와 기다리고 계시다가 우리 탐방단을 영접해 주었다.

문중 대표의 안내를 따라 이동하여 차를 멈춘 곳이 군산시 성산면 기린봉 아래 대명리 마을이다. 차에서 내리니 입구에 '高麗軍器少監蔡公陽生遺址碑'라고 새긴 큰 비석이 평강채씨 선조 추모처임을 말해 준다. 채영호군공(蔡領護軍公) 묘소(墓所)로 갔다. 향림봉(香林峰) 아래 잘 조성된 묘역에 분묘(墳墓)가 위에서부터 채영호군공(蔡領護軍公)의 고조고(高祖考)인 평장사(平章事) 시(諡) 관신공(寬愼公)과 증조고(曾祖考), 조고(祖考), 고(考)의 4대의 봉분(封墳)이 비석과 함께 봉치(奉置)되어 있고, 그 아래 있는 봉분 앞에 '高麗節義領護軍蔡公王澤之墓, 配丹陽禹 配礪山宋氏 戌坐'라 새긴 커다란 비석이 서 있고, 상석과 석물이 배치되어 있다. 채영호군공의 묘소이다. 지도 교수이신 중관(中觀) 최권흥(崔權興) 선생님을 비롯한 한가락 회원 일행이 도열하여 우인(友人) 회장의 집례(執禮)로 배례하여 참배하고 바로 영모재(永慕齋)로 이동하였다.

영모재 진입로 입구에 '平康蔡氏三相祠聖域淨化紀念碑'라 새긴 비가 서 있고 조금 올라가면 홍살문이 있는데, 그 다음에 영모재(永慕齋)의 정문인 추원문(追遠門)이 나온다. 추원문을 들어서면 '永慕齋'라 현판이 걸린 대문이 있고, 다음에 '修德門'이란 현판의 대문이 또 하나 더 있다. 수덕문을 들어서면 '三相祠'라는 현판이 정면에 우러러 보인다.

삼상사에는 광록대부 삼사태사 문하시랑 평장사 상호군 판리부사 태자태사(光祿大夫 三師太師 門下侍郎 平章事 上護軍 判吏部事 太子太師)에 오른 시조(始祖) 경평공(景平公) 휘(諱) 송년(松年)과 아들인 2세(世) 정선공(靖宣公) 휘 정(楨)과 둘째아들인 문헌공(文獻公) 휘 화(華)의 위패(位牌)를 모셨다. 위패에 경건(敬虔)히 참배하고, 영모재 강의실에서 채영호군공(蔡領護軍公)에 대해 준비해 간 자료를 가지고 중관 선생님의 강의를 들었다.

강의를 들은 후 채영호군공의 사적(史蹟)에 대해서 보완할 내용을 질문 응답식으로 대담을 나누고 이어서 평강채씨 목사공파 제각을 방문하여 탐방하고 나서 문중에서 예약해 놓은 식당으로 갔다. '원조군산아구회'집이다. 식당 방에 둘러 앉아 환담하면서 '서대탕'이라는 별미국에 아구, 북어 등 푸짐하고 좋은 음식·반찬에 소주, 맥주를 반주로 하여 흔연한 대접을 받았다. 종중 대표 분들과 환담을 즐기다가 작별 인사를 나누고 버스에 올라 귀로에 들어섰다.

  오후 2시 반을 지나서 버스는 새만금 방조제 방향의 길로 들어서 달리다가 군산 공항길을 지나 군산 제6부두를 차창 밖으로 내다보면서 속도를 놓는다. 저만큼 방조제가 보이는 지점에서 다시 방향을 잡아 방조젯길로 진입한다. 방조제의 양쪽 풍경 －제방 안쪽은 일망대호(一望大湖)요 바깥쪽은 망망대해(茫茫大海)를 호기심 어린 시선으로 감탄스럽게 바라보면서 새만금 방조(防潮) 둑길을 통과했다. 방조제를 지나는 데 시간이 10여 분은 걸린 것 같다. 군산에서 부안으로 온 것이다. 부안 시가지를 거쳐서 부안을 뒤로하고 귀경길에 올랐다. 시조 한 수를 덧붙인다.

석초(石艸) 洪 五 善 씀.

아버지 뜻 따르는 그 마음 깊었으니
칡넝쿨 끊어 지은 풀 기둥 움집에서
모진 삶 이겨낸 뒤에 되찾아 온 그 빛아

송암 김영석

245. 영운재(永雲齋)에서

구름속 띠집마루
더없이 시원하다

저 밑을 굽어보면
스르르 졸음이 와

이른바 맑은 바람이
무엇인가 알리라

최 중 관

▲ 영운재(永雲齋)

▲ 영운재(永雲齋) 앞에서

▲ 수운공단

▲ 수운공 공부를 하며

245. 永雲齋 (영운재)

永雲齋在全羅北道井邑市山內面梅竹里宋睡雲公追慕處
也公諱郊礪山人高祖諱希植三宰公知門下省事曾祖諱松禮
門下侍中推誠翼戴輔理同德佐命功臣礪良府院君諡貞烈祖
諱玢中贊樂浪府院君諡良毅考諱璘正憲大夫密直司知申事
國子監大司成妣陜川李氏贊成德裕女以忠烈王三十年甲辰
生公自幼穎異力修學德以忠孝爲庭訓忠肅王復位五年丙子
登科官至中正大夫典醫令經紅巾賊辛旽政亂見國將危棄官
南遯構舍於古阜泰仁之間雲住山下松欄石室對雲以睡自號
睡雲杜門絶世事以終時驪興王九年癸亥也享年八十墓失傳
築壇於遺墟而奉祭配平康蔡氏政丞宗麟女有一男典書公禮
也嗚呼見機南遯兮色斯擧矣哉棄官杜門兮胡不移東哉國事
日非兮虹上屬天哉雲住山人兮雲心月性及麗末睡仙哉讚曰

　　　井邑山川處處佳　　葛潭梅竹一高齋

永雲楣板飛龍筆　礪宋壇墟崇祖崖
영 운 미 판 비 룡 필　여 송 단 허 숭 조 애

亂政棄官同弊屣　遠鄕韜跡銷悲懷
난 정 기 관 동 폐 사　원 향 도 적 소 비 회

茅檐松檻睡仙臥　麗末淸風先導闈
모 첨 송 함 수 선 와　여 말 청 풍 선 도 위

245. 영운재(永雲齋)

　영운재는 전라북도 정읍시 산내면 매죽리에 있다. 송수운공을 추모하는 곳이다. 공의 휘는 교(郊)요 여산인이다. 고조의 휘는 희식(希植)이요 삼재공 지문하성사였다. 증조의 휘는 송례(松禮)이요, 문하시중 추성익대보리동덕좌명공신으로 여량부원군이었고, 시호는 정렬(貞烈)이다. 조의 휘는 분(玢)이요 중찬낙랑부원군이며, 시호는 양의(良毅)다. 고의 휘는 인(璘)이요 정헌대부 밀직사 지신사 국자감 대사성이었고, 어머니는 합천이씨로 찬성벼슬의 덕유(德裕)의 따님이며, 충렬왕 30년 갑진에 공을 낳았다. 공은 어려서부터 영특하여 힘써 학덕을 닦고 충효로써 가훈을 삼았다.

　충숙왕 복위 5년 병자에 과거에 올라 벼슬이 중정대부 전의령에 이르렀다. 홍건적의 난과 신돈의 난을 겪고 장차 나라의 위태로움을 알고 벼슬을 버리고 남으로 은둔하여 고부 태인 사이 운주산 아래에 집을 얽어놓고, 소나무 난간 석실에서 구름을 대하여 졸면서 스스로 호를 수운이라하고, 문을 걸어 닫고 세상의 일을 끊고 일생을 마쳤다. 때는 여흥왕 9년 계해로 향년 80이었다. 산소는 실전되어 살던 곳에다 단을 쌓고 제사를 받들고 있으며, 부인은 평강 채씨로 정승 종린(宗麟)의 따님으로 1남을 두었으니 전서공 벼슬의 희(禧)다.

　오호라! 기미를 보고 남으로 숨음이여, 얼굴을 이에 들었다는(옛 싯구) 말이로다. 벼슬을 버리고 문을 닫음이여, 어찌 동으로 옮기지 않았느냐는 말이로다. 나라의 일이 잘못됨이여, 무지개가 하늘을 찌름이로다. 운주산

영운재(永雲齋)에서   83

사람이여, 마음은 구름이요 성품은 달이면서 고려말의 조는 신선이로다.
기려 노래하노니,

   정읍산천 곳곳은 아름다운데
   갈담호수 매죽리에 한 재실이 높도다
   영운이란 현판은 나는 듯한 붓글씨요
   여산송씨 단은 조상을 높이 기리는 언덕이로다
   정치가 어지러워 벼슬을 버림은 해진 짚신 같이했고
   멀리 고향으로 자취를 감춤은 근심을 녹이려한 것이었도다
   띠풀 처마 소나무 난간에 신선이 누었으니
   여말 맑은 바람을 선도하는 문을 열어줌이로다   [전]

봉우리 예는 구름
졸음에 얹혀 날아

푸르른 솔뫼골쯤
흐르는 자진가락

오지랖 들뜬 매무새
설렁 부는 골바람

벽고 장 대 열

달 닮은 마음 같아
구름을 보며 자며

땅바닥 흔들흔들
때때로 뒤뚱뒤뚱

끝끝내 돌리지 않은
굳은 얼굴 그 눈길

　　　　　욕천　최장호

그대로 보일려구
날씨도 맑았구나

그 임의 적삼고름
다 잊은 구름이라

지붕 위 내리비치는
넓게 펼친 품이여

　　　　　　노산당 전향아

구름이 머무는 뫼
맑은 샘 고을이라

그 뫼에 머무는 이
조름에 어려 본다.

이렇듯 꿈속에서도
마름질해 오는 날

                    갑고 홍영표

한여름 막바지 날
하늘이 맑고 높다

구름이 간 곳 없고
졸음도 깨었는데

어찌다 누울 곳 두고
어디 가서 헤매나

서봉 조철식

구름샘 아홉구비
터잡아 다락 얽고

떠가는 구름 속에
조오는 할아버지

시원한 맑은 바람에
옷자락을 여민다

                    안일당 이원희

숫돌에 연장 갈듯
배운 것 갈아쓰는

미르 해 나셨으니
배움에 힘을 실어

구름 달 보이는 띠집
맑은 바람 푸른 솔

　　　　　설전 임준신

나달이 예와 달라
벼슬길 그만 두고

큰 언덕 어진 골에
터 잡아 숨어 살며

구름이 졸립다 하니
걸릴 곳은 어딘가

　　　　　우인 경우수

구름이 머물던 뫼
그 아래 높다란 집

졸음은 구름 속에
곧은 얼 깨었으니

마녘 땅 솔수풀언덕
바람 맑아 새롭네

석초 홍오선

구슬 샘 물나라에
구름이 머무는 뫼

높은 집 오직 하나
옛 터가 솔대로다

돌아온 가시나무 골
맑은 내음 열린다

가산 임봉훈

가슴에 서려 있는
아픔된 그리움이

기나긴 나달 속에
한 시름 넘었지만

뉘라서 날 되부르나
이제 그만 쉬련다

시우 이경희

영운재(永雲齋)에서

두온마흔다섯 번째 한가락 모임
때 : 4343(2010)년 8월 8일, 일요일, 맑음
곳 : 전라북도 정읍시 산내면 매죽리

　7시는 환한 듯 늦은 아침과 같다. 지난밤은 모기에 물어뜯긴 시간처럼 덧없다. 어두웠던 밤을 채운 가려움을 벌써 잊은 듯하다. 오늘은 먼지 하나도 없는 하늘같아서 아침 햇살이 구름을 모두 베어 문 듯 퍼렇다. 티끌하나 날리지 않은 남행길을 따라 마냥 좋은 듯 달린다. 마치 무심의 하늘아래선 햇살의 뜨거움이 스스럼없이 버스창문을 뚫고 들어온다. 유리의 파편이 햇살 속으로 사라진 듯 눈이 부시다.
　길섶엔 밤에 유독 힘들어하는 달맞이꽃같이 아침 햇살에 그냥 눌린 듯 주저앉는다. 밤새 모든 물빛을 발산해버린 허연 허물만 뒹군다. 물기는 없어도 노르스름하다. 밤의 꽃인 달맞이꽃과 낮의 꽃인 무궁화는 햇살에 따라 물빛을 곧추 세운다, 꽃잎마다 매끄럽게 빛깔을 좔좔 흘린다. 목마른 시선을 적신다. 꽃 중에 꽃답다는 꽃은 참으로 많다고 하던데 꽃은 꽃일 뿐인데 시간만이 바로 참꽃으로 다가선다. 자귀나무꽃도 지금 남행길에 한창이다. 철마다 지나가는 고속도로 옆엔 언제나 같은 곳에 서있는 나무들도 올해도 역시 여름같이 이런 화려한 날이 있었던가.
　보이는 세상은 살수록 아름다워지는 것이란 맥놀이소리가 마치 죽은 사람의 말처럼 진실하게 들린다. 산 사람은 착각의 오류 속에서 사는 듯 혼란스럽다. 마치 잘 꾸며낸 매트릭스 속에서 벗어나지 못하고 그 속에 너무나 익숙하다. 그냥 되어버린 만족스럽게 느끼는 듯 산다. 가장 아름다움이란 것은 날마다 지금부터이다. 지금부터 소리를 지르며 새롭게 중첩되는 새장

같은 세상이다. 새장에서 보면 이렇듯 아름다울 뿐이다. 아름다운 오류 속에서 지금 이 버스 속에서 달리는 시선은 한 곳에 머물 수는 없다. 그 작은 먼지를 볼 수 없다. 다 스치며 무심코 산다. 아름다움의 착각들이 줄줄이 흘리며 하향선 속에서 있다. 누군가 그 아름다움을 꾸미는 존재가 없는 듯 있는 듯 뚜렷하게 그린다.

9시 20분, 姐己暴虐에 대한 서봉선생님의 차속 강의에 따르면 姐己는 紂王의 왕비로 紂王과 더불어 절대권력을 이용해 온갖 악행을 일삼은 까닭으로 중국의 고사성어에 많이 사례로 인용되는 대표적인 인물중 하나이다.

어느 듯 10시 44분에 정읍시 산내면 매죽리에 도착했다. 문중 사람들이 미리 나와 먼길 오신 손님을 반갑게 맞이한다. 永雲齋는 그 이름에 걸맞게 뒤에는 45°정도의 경사가 있는 산이 버티고 있고 앞에는 좀 넓은 개울이 흐르고 있어 위치에 딱 맞는 背山臨水로 되어 있다. 개울 옆엔 성벽처럼 늘어선 돌담을 건너면 키다리 소나무들이 쑥쑥 뻗어 있는 넓은 솔밭이 있다. 그 유명한 玉井湖 구절초 테마공원으로 이곳에서 한눈으로 보이는 탁 트인 곳에 있다. 해마다 가을이 되면 소나무 사이에 핀 하얀 구절초가 온통 덮어 버린다고 한다. 생각만 하여도 절로 그 짙은 꽃내음이 코끝을 스치고 간듯하다. 永雲齋에 문득서서 그 가을을 그려본다.

문중어르신의 안내에 따라 永雲齋에 들어가 간단한 인사를 마치고 公에 대한 중관선생님께서 준비하신 강의가 곧바로 시작되었다. 이젠 公의 시간이다. 약 70분정도의 公의 시대로 들어갔다가 온 듯 사뭇 뭉게구름에 마음을 풀어 놓아 본 듯 몸은 한결 날 듯 가볍다. 회원들이 부르는 시조와 한시 소리가락이 막 구름을 걷히게 한다. 함께한 시회는 다 마치고 고향으로 歸去來한 두고회원을 찾아 임실로 향해야만 한다. 이제 또 시간은 급하게 휘둘린다. 공직을 그만두고 제2의 삶을 시작하는 전원생활로 그 아름다움을 지키고 있다.

두고회원께서 임실시내를 지나 추어탕으로 유명한 식당으로 안내한다. 한적한 시골분위기가 살아 숨쉬는 그 곳 같은 그곳에서 바로 고향의 추어탕을 맛나게 음미하였다. 땀을 식힐 요량으로 음식점에서 약간 걸어가니 맑은 개울물이 가장자리를 넘칠 듯 힘차게 흘려보내고 있다. 물이 넘치는 8월의 한나절처럼 날이 힘이 있다.

  1시 30분에 버스를 다시 올라탄다. 15분정도만 가면 두고회원님이 사시는 동네가 나올 것이다. 사실상 두고洞으로 간다. 버스는 마을회관공터에 멈추었고 마을유래비를 세운 것을 살펴보니 고향의 애정을 풋풋하게 느끼게 된다. 곧장 마을길을 따라가니 깔끔한 육모정이 우리를 환하게 맞이한다. 새로 지은 정자에서 다과를 나누며 또 시조를 부르니 옛 선비의 모습이 이런 모습일 것으로 생각되어진다.

  바로 위에 있는 저수지에서 내려오는 물줄기는 맑은 쇳소리처럼 귓가에 감돌다 사라진다. 커다란 소나무를 마당에 쭉 옮겨 심어 놓았고 손수 경운기를 운전하여 밭농사한 고추가 붉어서 좋다.

  이런저런 이야기에 시간은 3시를 넘기며 하염없이 가고 있다. 이제는 젖어든 향수를 달래며 상행선을 타야 합니다. 서울로 다가갈수록 저녁햇살은 숯덩이처럼 붉어만 간다.

  누군가 세상을 그 아름다움으로 아름아름 가꾸는 사람이 있다고 하던가. 오늘 그 누군가 그 아름다움을 꾸미는 존재가 없는 듯 있는 듯 뚜렷한 곳은 바로 고향일 것이다. 두고洞에 내려와 고향보다 더 아름답게 달리 만들어 가는 두고회원님에게서 존재의 신비함을 느낀다. 오늘은 먼 길 서서 정읍과 임실을 오가며 바쁜 일과로 역사의 시간을 길게 늘려 놓은 듯하다. 이제 저녁햇살이 버스유리창을 파고든다. 유리의 파편들이 산 넘어 어둠속으로 사라진 듯 눈이 어둡다. 안일당이 차운한 한시를 곁들인다.

욱천 최장호 씀.

井邑山河谷谷佳	정읍 산하는 골골마다 아름다운데
古村梅竹大崇齋	옛 마을 매죽리에 크고 높은 재실이로다
磚墻瓦屋至誠垈	벽돌 담장 기와집은 지극한 정성의 터요

壇墓石碑名閥崖　단묘의 돌 비석은 명문의 언덕이로다
投紱歸鄕塵事絶　벼슬을 던지고 귀향하여 세상일 끊고
構茅臥檻淸風懷　띠집 얽고 난간에 누워 청풍을 품었도다
媤家宗祖探尋裏　우리 시댁 할아버지 더듬어 찾은 속에
讚曲再三今日闋　기리는 노래 두 번 세 번 오늘에 여는도다

안일당 이원희

뒷뫼엔 푸른 솔숲 바람에 살랑이고

앞 냇가 맑은 물엔 피라미 노니는데

빈 마음 더 비우고자 졸며 가는 저 구름

송암 김영석

246. 금은공묘(琴隱公墓)에서

거문고 재주에다
그림도 솜씨있어

얼굴을 그려달라
조르나 뿌리치고

달밝아 넷이 모이면
옛날 그려 노래해

최 중 관

▲ 금은공묘(琴隱公墓)

▲ 채미정(采薇亭)에서

▲ 채미정 입구

▲ 조전서공 공부를 하며

246. 趙琴隱公墓 (조금은공묘)

趙琴隱公墓在慶尙南道咸安郡郡北面院北理公諱悅咸安
人高祖諱烈匡靖大夫政堂文學曾祖諱禧密直使三司左尹祖
諱之興文科鷄林府參軍考諱天啓奉翊大夫版圖判書妣昌原
黃氏司憲糾正君碩女以生公力學登科恭愍朝官至工曹典書
善琴晝月夜彈琴聲響數里杆城王三年公上疏曰侍中李某父
子留陣原州名雖討賊意在伐君速收其兵以保國祚然知不忍
勇斷遂棄官歸鄕翌年壬申七月廢王封君處原州復移杆城公
與諸賢從王去杆城探王候焉新朝以工曹典書屢徵終不應與
進士李午常以竹杖芒鞋相往來以傷時唁于洪晩隱之雲衢以
悲歌哀詠而歸新朝三年甲戌設漢陽宮落成宴作手札送轎請
公乃麤布芒鞋入宮庭彼曰曾於松岳君琴我缶今爲故人彈琴
如何公曰今日漢陽非松岳李侍中稱王而主上抱冤於杆城老
夫雖不忠世食王氏祿豈可與李王同樂乎黃喜權近諫曰趙典

書之節不可屈不如敬而歸之是歲弑杆城王公與諸賢收尸葬
서 지 절 불 가 굴 불 여 경 이 귀 지 시 세 시 간 성 왕 공 여 제 현 수 시 장

之服喪三年其後已卯年新朝招札荐至不得已至昌德宮彼曰
지 복 상 삼 년 기 후 기 묘 년 신 조 초 찰 천 지 부 득 이 지 창 덕 궁 피 왈

望須摹父王御眞公曰可畫前日李侍中不畫今日李上王奪其
망 수 모 부 왕 어 진 공 왈 가 화 전 일 이 시 중 불 화 금 일 이 상 왕 탈 기

位弑其君王氏之逆萬民之讐豈可從此命乎因囚獄七日不食
위 시 기 군 왕 씨 지 역 만 민 지 수 기 가 종 차 명 호 인 수 옥 칠 일 불 식

以死決之後放送以歸嘗公與李茅隱洪晚隱金丹邱四人之盍
이 사 결 지 후 방 송 이 귀 상 공 여 이 모 은 홍 만 은 김 단 구 사 인 지 합

簪詩曰幽篁園裡數叢花潤色山村寂寞家入室更看樽有酒宦
잠 시 왈 유 황 원 리 수 총 화 윤 색 산 촌 적 막 가 입 실 갱 간 준 유 주 환

情從此薄於紗配昆陽田氏牙山蔣氏有四男彝寧桓安也讚曰
정 종 차 박 어 사 배 곤 양 전 씨 아 산 장 씨 유 사 남 이 녕 환 안 야 찬 왈

俟待知音胸裏灰 사 대 지 음 흉 리 회	咸安院北一墳嵬 함 안 원 북 일 분 외
雄姿諸度古規守 웅 자 제 도 고 규 수	大節崇碑新筆鎚 대 절 숭 비 신 필 추
月夜彈琴同志喚 월 야 탄 금 동 지 환	臣顔善畫稱王廻 신 안 선 화 칭 왕 회
盍簪餘韻琤琤響 합 잠 여 운 쟁 쟁 향	早出漢陽千里催 조 출 한 양 천 리 최

246. 조금은공묘(趙琴隱公墓)

조금은공의 산소는 경상남도 함안군 군북면 원북리에 있다. 공의 휘는 열(悅)이요 함안인이다. 고조의 휘는 열(烈)이요 광정대부 정당문학이다. 증조의 휘는 희(禧)요 밀직사 삼사좌윤이다. 조의 휘는 지흥(之興)이요 문과하

여 계림부 참군이다. 고의 휘는 천계(天啓)요 봉익대부 판도판서였다. 어머니는 창원 황씨로 사헌 규정 벼슬의 군석(君碩)의 따님으로 공을 낳았다.

공은 힘써 배워 과거에 올라 공민조에 벼슬이 공조전서에 이르렀다. 거문고와 그림을 잘하여 달밤에 거문고를 타면 소리가 멀리 수십리의 마을까지 울려퍼졌다. 간성왕 삼년에 공이 상소를 올려 말하기를 '시중 이 아무개 부자가 군대를 원주에 머물러 진을 치고, 이름은 비록 도적을 친다고하나, 뜻은 임금을 치는데 있으니 속히 그 군대를 거두어서 나라를 보전하소서' 하였다. 그러나 차마 용감하게 끊지 못할 것을 알고 벼슬을 버리고 고향으로 내려갔다.

다음해 임신년 7월에 왕을 폐하고 군으로 봉하고 원주에 살게하다가 다시 간성으로 옮겼다. 공이 여러 어진이들과 더불어 왕을 따라 간성까지 가서 깊이 안부를 살폈다.

새 조정에서 공조전서로 여러 번 불렀으나 끝내 응하지 않았다. 진사 이오(李午)로 더불어 항상 죽장을 짚고 해진 신발을 끌고, 서로 왕래하며 때를 슬퍼하면서, 홍만은공의 운구에서 슬픈 노래를 읊으며 서로 위로하고 돌아왔다.

새 조정이 선지 3년 갑술년에 한양궁의 낙성식에 왕이 직접 편지를 쓰고, 가마를 보내면서 공을 초대하였다. 이에 거친 베옷과 해진 신발을 신고 입궐하니, 왕이 말하기를 "일찍이 송악에서 그대는 거문고를 타고, 나는 장구를 쳤는데 지금 옛 친구의 거문고 타는 소리를 듣고 싶은데 어떠한고" 하니, 공이 말하기를 "금일은 한양이요, 송악이 아니로다. 시중이 왕이라 칭하니, 주상은 간성에서 원통함을 앉고 있는데 노부는 비록 불충이나, 대대로 왕씨의 녹을 먹었는데, 어찌 가히 이씨 왕으로 더불어 함께 즐거워하겠는가!

황희와 권근이 간하여 말하기를 "조전서의 절개는 가히 굽힐 수 없으니 공경하여 돌려보내는 것만 같지 못합니다." 했다.

이 해에 간성왕을 죽이니 공은 모든 어진 이들과 더불어 시체를 거두어 삼년상을 치렀다.

그 후 기묘년에 신조(정종)에서 서찰로 거듭 공을 부르니 부득이 창덕궁에 이르렀다.

왕이 말하기를 "부왕의 어진을 그려주기를 희망하노라" 하니, 공이 말하기를 "가히 전일에 이시중은 그릴 수 있으나 금일의 이상왕(이성계)은 그 직위를 뺐고 그 임금을 죽였으니 왕씨의 역적이요, 만민의 원수이니, 어찌 가히 명을 따르겠는가" 했다.

결국 옥에 가두었으나 죽을 결심으로 7일 동안 먹지 않았다. 뒤에 놓아주니 고향으로 돌아갔다.

일찍이 공과 이모은공, 홍만은공, 김단구공 4인으로 더불어 합잠시(여럿이 이어 읊는 시)를 지어 말하기를,

그윽한 대나무 동산에 여러 떨기의 꽃이 피니
윤택한 산촌의 적막한 집이로다
집으로 들어가 다시 보니 잘 익은 술이 있어
벼슬살던 정이 이를 쫓아 얇기가 헝겊 같도다

부인은 곤양전씨요, 아산장씨다. 4남을 두었으니 이(彝), 영(寧), 환(桓), 안(安)이다. 기려 노래하노니,

기다리고 기다리던 지음이라 가슴속이 재가 되었는데
함안 원북리에 한 높은 무덤이로다
웅장한 제도는 옛 법을 지켰고
큰 절개 높은 비는 새 글씨로 꾸몄도다
달밤에 거문고를 타며 동지를 불렀고
용안을 그리라 하니 왕이라서 싫다며 물리쳤도다
이어부르던 남은 여운이 아직도 쟁쟁쟁 울리고 있어서
일찍 한양을 출발하여 천리 길을 재촉하였도다 전

임 잃은 거문고에
옛 노래 가녀리고

붓 따라 뜨인 얼굴
눈물에 사위는데

오가며 만나는 벗들
건네주는 표주박

벽고 장대열

코끝에 매선 바람
끊어진 노랫소리

보고픈 임의 모습
꿈에나 그리면서

시퍼런 칼날 빛 속에
비쳐보는 내 얼굴

고룡 맹 치 덕

거문고 가락 듣고
잘 자란 오리발 낢

목의 칼 두렵잖다
옛 벗을 꾸짖더니

네 선비 이어진 노래
맑은 소리 구성져

　　　　노산당　전향아

기쁘다 거문고며
그림도 재주 있다

하지만 그릇되이
남에게 보일손가

네 벗이 달 밝은 밤엔
노래 불러 함께 해

                       갑고 홍영표

베옷에 대지팡이
거문고 타는 것은

두마음 가진 이를
나무랄 마음이라

안방에 통술 있으니
벼슬생각 멀어져

                서 봉 조 철 식

배움이 높아지니
벼슬도 높았어라

달빛엔 그림치고
네 벗이 모였다면

거문고 타는 소리에
녹아드는 한마음

설전 임준신

그림도 거문고도
솜씨는 있지마는

속 다른 이 앞에서
어떻게 베풀겠나

뜻 맞는 벗 들과 함께
글 로 풀어 보였네

    우인 경우수

조금은공묘(趙琴隱公墓)에서

두온마흔여섯 번째 한가락 모임
때 : 4343(2010)년 9월 5일, 일요일, 흐리고 비
곳 : 조금은공묘(趙琴隱公墓) - 경상남도 함안군 군북면 원북리

　오늘은 고려 말기에 공조전서(工曹典書)를 지내다가 조선 태조의 등극으로 불사이군(不事二君)의 충절을 지킨 조열(趙悅)선생의 유적을 찾아간다. 유적으로는 경상남도 함안군 군북면 원북동에 유택이 고려제도로 남아있다.
　함안군(咸安郡)은 6가야 중에서 아라가야의 유서 깊은 역사와 찬란한 문화를 간직한 고장이며, 경상남도의 교통과 시설농업의 요충지이다. 신라 법흥왕 때에 신라에 병합되어 경덕왕 16년(757년) 함안으로 개칭했다. 1읍 9면으로 구성되었다. 군북면은 함안군 서부에 위치하며 동쪽은 가야읍, 서쪽은 진주시, 북쪽은 법수면과 의령군에 접하고 있다. 서남에는 산악이 중첩하고, 여맥이 북으로 뻗어 있어, 남쪽이 높고 북쪽이 낮은 산세를 이루고 있다. 수박, 방울토마토 등의 집단재배지로 유명하다. 방어산 마애불(보물 제159호), 함안군북지석묘군(기념물 제183호), 도천재단서죽백(유형문화재 제6호) 등의 유적이 산재해 있다.
　9월에는 추석이 있어서 많은 사람들이 조상의 산소를 찾아 성묘를 하고 벌초를 한다. 우리 민족의 조상 숭배의 정신이 살아있는 모습이다. 그래서 많은 사람들이 고향을 찾기 때문에 휴일에 지방에 내려가려면 교통체증이 심하다. 아침 7시에 사당역을 출발하였는데 고속도로는 벌써 거북이 걸음이다. 우리는 기흥휴게소에 들어가지 못하고 안성휴게소로 가기로 했다. 버스 전용차로도 유명무실이다. 날씨는 태풍이 지나간 뒤라 구름이 약간 있으나 대기는 청명하다. 들에는 벼들이 약간씩 누렇게 변하고 있었다. 이제 추수할 때가 다가온다. 안성 휴게소에도 사람이 많아서 식사 대신에

간식을 준비하고 버스에 올랐다. 오늘은 경부고속도로로 대전까지 가서 다시 진주로 통하는 고속도로를 이용, 남해고속도로를 경유하여 함안으로 들어간다.

대전을 지나면서 고룡이 화동인물총기 강의를 시작한다. 몸이 불편하다고 들었는데 짬을 내어서 준비를 했나보다. 고맙고 대단한 열성이다. 뒤이어 서봉의 강의가 이어졌다. 촘촘하게 적힌 한문을 잘도 해석한다. 제목은 비간부심(比干剖心)이다.

한문강독이 끝나면서 우리는 남해 고속도로에 들어서서 마산 방향으로 가는데 또 길이 막힌다. 오늘은 도로 사정이 안 좋다. 얼마 후 장지나들목에서 군북면사무소 방향으로 접어들었다. 반대쪽 마산방향의 길은 주차장처럼 차가 꽉 들어찼다. 그런데 어떤 승용차가 우리를 안내해 주었다. 1004번 지방도로에서 서산서원 주차장에 도착하니까, 부산에 사는 함주(이재철)가 앞장 서 준 것이다. 함주는 한가락이 창립될 때부터 함께 활동한 분이시다. 무척이나 반갑다. 여기에서 문중 어른들과 만나서 서로 인사를 나눈 후에 길 건너에 있는 채미정(采薇亭)으로 갔다.

채미정(采薇亭)은 1735년에 창건되었으며, 백세청풍(百世淸風)이란 현판이 두 글자씩 좌우에 걸려 있고, 좌측 언덕위에는 문풍루(聞風樓)라는 조그마한 육각형 누각이 서있다. 가만히 앉아 있어도 땀이 줄줄 흐르는 여름에, 문풍루에는 시원한 바람소리가 들려오는 듯하다. 그래도 무척 덥다. 채미정에서 문중 어른들과 인사를 나누고 문중에서 미리 준비한 점심식사를 했다. 늦은 점심이다. 1시 10분이 지나고 있었다. 식사후 금은공(琴隱公)에 대한 공부를 하였고, 함주가 시조창을 선창하고, 한시창을 삼우당이 선창하면서 공부를 마쳤다.

우리는 금은공 산소를 찾아갔다. 가는 길에 어계생가(漁溪生家)가 있다. 어계생가(漁溪生家)는 경상남도 유형문화재 제159호로 지정되어 보존되고 있다. 삼문을 통과하면 단출한 원북재(院北齋)가 있고, 우측에 금은유풍(琴隱遺風)의 현판과 좌측에 어계고택(漁溪古宅)의 현판이 걸려 있다. 가옥으로 사용되어서 단청이 되지 않았지만 지금은 어계의 재실로 사용한단다.

할아버지와 손자의 준엄하고 다정한 모습이 살아있는 듯하다.

어계고택(漁溪古宅)에서 두 마장 즈음에 조열묘역(趙悅墓域)이 있다. 조열묘역(趙悅墓域)을 뒤로하고 전방향좌측으로 말안장처럼 솟아있는 봉우리가 두 개 있는데, 백이봉과 숙제봉이란다. 조금 높은 곳이 백이봉이라는데 잘 모르겠다. 조열묘역은 조열(趙悅)과 그 후손들의 묘역이다. 특히 조열의 묘는 고려 후기의 묘지 형태인 전방후원(前方後圓)의 장방형으로 조성되어 지금까지 유지되어서, 사대부 가정의 묘지제도 연구에 좋은 자료가 된다고 한다.

문중에서 우리를 도와주신 분들은, 회장 조성래(趙聖來)님, 조한규(趙漢奎)님, 회원 조용섭(趙鏞燮)님, 조문규(趙文奎)님, 조현도(趙顯道)님, 조정래(趙井來)님이시다. 처음부터 우리를 영접하시고 끝까지 안내와 조언을 아끼지 않으셨다. 감사드린다. 4시가 조금 지나서 서산서원을 출발했다. 마산으로 가는 길은 아직도 통행이 어렵다. 우리는 진주방향으로 1004번 도로를 가다가 군북나들목을 통과하여 고속도로를 이용하기로 했다.

집으로 돌아오는 길에 오늘 공부한 것을 다시 생각해본다. 봉건 사회에서는 임금이 바뀔 때에 어떤 행동을 해야 하는가? 이것은 인간관계에서 무엇이라고 정의할 것인가. 그리고 그 행동은 정당성을 인정받을 수 있는가? 어떤 행동을 일으키는 판단력은 현대에 와서 어떻게 운용되는가? 물론 당시에는 때에 맞는 철학과 행동이 있었을 것이다. 어느 것이 정답이고 어느 것이 오답일까? 그리고 어떤 일에 대하여 시(是)와 비(非)는 어떻게 분별할 것인가? 해답이 보일 듯하다가 다시 가물가물해지며 어둠 속으로 사라진다. 우리가 성인이라고 칭하는 사람들이 많은 답을 가르쳐 주었지만, 아직도 물음은 계속된다.

경부고속도로에 들어서고 버스 전용차선에 들어섰지만 기대할 수 없다. 이제는 그냥 차가 가는 대로 기다릴 수밖에 없다. 언제 쯤 집에 도착할 것인가. 이 생각 저 생각에 졸기도 하면서 시간을 보낸다. 11시 20분에 사당역에 도착했다. 급하게 뛰어서 전철에 올랐다. 막차는 아니란다. 당산역에 내리니 12시 5분이다. 버스가 오는 것을 기다리다가, 집 근처로 가는 버스를 탔다. 그리고 택시를 타고 집에 도착하니까 1시가 조금 넘었다. 대략 20시간 정도를 보내고 집에 돌아왔다. 잠이 안와서 뒤척이다가 새벽녘에 겨우 잠이 들었나 보다. 오늘 함께 참가한 회원들의 이름을 기록한다.

  중관(최권흥)선생님, 노산당(전향아), 고룡(맹치덕), 설전(임준신), 삼우당(장선숙), 서봉(조철식), 갑고(홍영표), 우인(경우수), 손창봉, 이상칠, 김영석, 이한국, 필자인 벽고(장대열) 모두 13명이다.

  시조 한 수를 덧붙이며 마친다.

벽고 장대열 씀.

아깝다 곧은 마음 그 곧음 다잡아서
옛 임금 기틀 다져 다스림 펼쳤다면
온 무리 잘살았을 걸 나라 잃은 슬픔아

송 암 김 영 석

247. 동강공묘(東岡公墓)에서

장끼뫼 선비로다
그른 일 보겠느냐

멀리로 숨어들어
불러도 뿌리치고

옛고을 뜻맞는이와
일러주는 앞날들

최중관

▲ 동강공묘(東岡公墓)

▲ 동강공묘(東岡公墓) 앞에서

▲ 동강공묘비

▲ 원주이씨중흥비

247. 東岡公墓 (동강공묘)

東岡公墓在江原道原州市好楮面山峴里松老洞艮坐之原
동 강 공 묘 재 강 원 도 원 주 시 호 저 면 산 현 리 송 로 동 간 좌 지 원

公諱璘原州李氏高祖諱公亮國子進士隱德不仕曾祖諱仁庇
공 휘 인 원 주 이 씨 고 조 휘 공 량 국 자 진 사 은 덕 불 사 증 조 휘 인 비

版圖摠郎祖諱希伯南部副令考諱祿圭判衛尉寺事以生公自
판 도 총 랑 조 휘 희 백 남 부 부 령 고 휘 녹 규 판 위 위 시 사 이 생 공 자

幼穎敏力學登科官至中正大夫宗簿寺令堅持綱常斥邪扶正
유 영 민 역 학 등 과 관 지 중 정 대 부 종 부 시 령 견 지 강 상 척 사 부 정

爲己任焉恭愍朝與成石璘討旽忤旨見逐國事日非不已嘆息
위 기 임 언 공 민 조 여 성 석 린 토 돈 오 지 견 축 국 사 일 비 불 이 탄 식

當鼎革之日守不事二君之節歸臥原州新朝屢徵弊屣軒冕終
당 정 혁 지 일 수 불 사 이 군 지 절 귀 와 원 주 신 조 누 징 폐 사 헌 면 종

不應竹杖芒鞋逸氣勝騰平生雅操與元耘谷一世齊名卽設巖
불 응 죽 장 망 혜 일 기 승 등 평 생 아 조 여 원 운 곡 일 세 제 명 즉 설 암

壇於稚岳之巓奉變祀革祀與諸賢同參焉節如檗氷也配昌原
단 어 치 악 지 전 봉 변 사 혁 사 여 제 현 동 참 언 절 여 벽 빙 야 배 창 원

黃氏原慶女墓祔有一男載寧縣令邦珍也嗚呼公之見逐兮百
황 씨 원 경 녀 묘 부 유 일 남 재 녕 현 령 방 진 야 오 호 공 지 현 축 혜 백

濟佐平仲常之曲彼直我哉歸臥原州兮崔孤雲之臺榭松竹哉
제 좌 평 중 상 지 곡 피 직 아 재 귀 와 원 주 혜 최 고 운 지 대 사 송 죽 재

新朝屢徵終不應兮新羅朴堤上之鷄林之臣哉平生雅操與元
신 조 누 징 종 불 응 혜 신 라 박 제 상 지 계 림 지 신 재 평 생 아 조 여 원

耘谷一世齊名兮新羅包山隱居二聖師之機成之交也哉讚曰
운 곡 일 세 제 명 혜 신 라 포 산 은 거 이 성 사 지 기 성 지 교 야 재 찬 왈

雉岳古今義且眞　原城丘上一墳彬
치 악 고 금 의 차 진 　 원 성 구 상 일 분 빈

來龍艮坐明堂穴　堅節大書深筆珉
내 룡 간 좌 명 당 혈　견 절 대 서 심 필 민

極諫當摧忠烈士　禮徵終拒狷貞臣
극 간 당 최 충 렬 사　예 징 종 거 견 정 신

耘松同志三賢合　麗末風聲此地諄
운 송 동 지 삼 현 합　여 말 풍 성 차 지 순

247. 동강공묘(東岡公墓)

동강공 산소는 강원도 원주시 호저면 산현리 송로동 간좌의 언덕에 있다. 공의 휘는 인(璘)이요 원주이씨이다. 고조의 휘는 공량(公亮)이요 국자진사로 음덕으로 벼슬 하지 않았다. 증조의 휘는 인비(仁庇)요, 판도총랑이었다. 조의 휘는 희백(希伯)이요 남부부령이었다. 고의 휘는 녹규(祿圭)요 판위위시사로 공을 낳았으니, 공은 어려서부터 영특하고 민첩하여 학문에 힘써 과거에 올랐다. 벼슬이 중정대부 종부시령에 이르렀는데 굳게 삼강오륜을 잡아 간사함을 물리치고 올바름을 바로 잡는 것으로 자기의 책임을 삼았다.

공민왕조에 성석린(成石璘)과 더불어 신돈(辛旽)을 치려다가, 왕의 뜻을 거슬러 내침을 당했다. 나라일이 날로 잘못되어가니 탄식을 그치지 못하다가 마침 나라가 바뀌는 날에 당하여 두 임금을 모시지 않겠다는, 절개를 지키며 원주로 돌아갔다.

새 조정에서 여러 번 불렀으나 벼슬을 해진 신발 같이 버리고 마침내 응하지 않았다. 대나무 지팡이를 짚고 짚 신발을 신고서도, 기운이 넘치는 듯했으며 평생토록 아름다운 지조를, 운곡 원천석(元天錫)과 더불어 한세상 이름을 나란히 했다. 곧 돌로 단을 치악산 이마에 설치하고, 변사와 혁사를 받드는데, 여러 어진이들이 동참하였다. 마치 공의 절개는 단단한 회양나무와 얼음 같았다.

부인은 창원 황씨 원경(原慶)의 따님이다. 산소는 합장하였다. 아들이 하나 있었으니 재령현령벼슬 방진(邦珍)이다.
 오호라! 공의 쫓김을 보임이여, 백제의 좌평 중상(仲常)의 곡피직아(曲彼直我)[1]로다. 원주에 들어가 누움이여, 최고운의 대사송죽(臺榭松竹)[2]이로다. 새 조정에서 여러 번 불렀으나 끝내 응하지 않음이여, 신라 박제상의 계림지신(鷄林之臣)[3]이로다. 평생 맑은 지조는 원운곡과 더불어 일세의 이름을 가지런히 함이여, 신라 포산에 은거한 두 성스런 대사의 기성지교(機成之交)[4]로다. 기려 노래하노니,

치악은 예나 지금이나 의롭고 또 진실한데
원주의 언덕위에 한 무덤이 빛나는구나
용이 내려오다 서남쪽으로 향해 앉은 명당혈인데
굳은 절개 크게 써서 깊이 새긴 빗돌이로다
지극히 간하다 꺾임을 당한 충렬의 선비인데
예로 불렀으나 마침내 거절하니 굳은 절개의 신하로다
운곡과 송헌을 동지로 세 어진이가 합하였으니
여말의 모든 소문은 이 땅에서 일러주는 것이었도다   전

---

1) 곡피직아(曲彼直我) : 저쪽이 잘못이고 이쪽이 옳다.
2) 대사송죽(臺榭松竹) : 정치가 어지러워 시골에 숨어 정자나 짓고 솔과 대로 벗삼는다.
3) 계림지신(鷄林之臣) : 죽어도 일본 신하가 아니고 끝까지 신라 신하가 되겠다.
4) 기성지교(機成之交) : 관기와 도성이란 두 성사의 사귐으로 말없이도 나무와 바람이 움직여서 서로 뜻을 전하여 통했다는 것.

꿩뫼에 멈춘 발길
눈물로 닦은 돌터

휘둘린 한 다짐길
숲 안개 아득한데

가을녘 물따라 흘러
흠뻑 젖는 징검돌

벽고 장대열

가슴속 키워오던
옹골찬 대줄기라

뜬구름 걷어내고
한 마음 고이 담아

테두리 깃발을 꽂고
부르리라 선비들

고룡 맹치덕

선비는 누구나 할
뜻이어 힘썼으나

어긋난 때는 달다
달라도 너무 달라

물러나 흔들림 없다
처음같이 끝까지

욕천 최장호

마음은 얼음 같아
대나무 소나무라

바른 일 몰아가니
그 몸은 부서지나

장끼뫼 어진 세 선비
아까울게 뭐있나

　　　　노산당　전향아

새녘의 굳센 선비
잠든 곳 장끼 뫼라

이곳에 숨어들어
불러도 물리치고

옛 고을 뜻 맞는 이와
일러주는 목소리

갑고 홍영표

저 하늘 문 열린 날
구름이 어둑하다

한 임금 섬기려고
부름에 등 돌리고

짚신에 참대 지팡이
삿갓마저 챙기지

        서봉 조철식

무섭게 내린 빗발
상큼한 붉은 햇살

솔대를 심고 가꿔
세 벗의 마음 담겨

푸른 솔 짙은 그늘에
들녘논밭 뉘신가

설전 임준신

그른 일 막으려다
숨어든 뿌리 고을

바른길 아니라면
벼슬은 무엇 하랴

뜻 맞는 벗과 사귀며
글길 열어 보였네

              우인 경우수

배나무 골짜기에
이끼비 구슬일세

부른들 무엇하랴
내 갈길 하나인데

어진이 일러준 말씀
오늘에야 빛나고

가산 임봉훈

해처럼 떠오른 별
씩씩함 하늘 닿네

바람은 선비의 얼
오늘도 불어주며

젊음이 지켜보면서
숲속에서 손짓해

　　　　　시우 이 경 희

동강공묘 (東岡公墓)에서

두온마흔일곱 번째 한가락 모임
때 : 4343(2010)년 10월 3일, 일요일, 구름
때 : 동강공묘(東岡公墓) - 강원도 원주시 지정면 간현리

  먼 옛적에 단군 왕검이 아사달에 서울을 정하고 나라를 조선이라고 한 그날로부터 4343년 오늘이 개천절이다. 우연이지만 오늘 한가락이 강원도 원주시 지정면 간현리 이곡사. 고려의 절신 동강(東岡) 이린(李隣)공의 사당을 찾는 것은 의미가 있는 일이다.
  잦은 비 뒤의 하늘이 잔뜩 찌푸려서 곧 장대비가 퍼 부을 것 같은 날씨지만 좀 참아주는 것 같아 다행이다. 아홉시 사당역을 나서 경부 영동 고속도로를 문막에서 잠깐 쉬고 약 두시간 달려 11시 강원도 원주시 호저면 산현리에 먼저 닿았다. 여기는 이공의 산소가 있는 곳. 송강가사 속 섬강 징검다리를 건너서 칠봉체육공원 축구장의 잘 다듬어진 잔디를 밟고 칠봉산 한 고개를 어렵게 넘어간 산 중턱. 항아리 형국이라고, 사방 둘러봐도 집이 안 보이는 서남향한 자리. 돌을 쌓은 위에 아들 재령현령 이방진(李邦珍)지묘를 바로 곁에 두고 공의 묘 둥근 봉분이 잘 가꾸어져 있다. 명당이라고 한다. 중정대부 종부시령 이린지묘(中正大夫 宗簿寺令 李璘之墓) 묘비가 둘 서 있으니 하나는 풍마우세 글씨가 잘 안 보이는 옛 묘비이다.
  좀 늦은 추석 성묘를 하고 내려오니 12시 45분. 곧장 점심 집으로. 길가에 큰 느티나무 두 그루를 보호하고 있는 느티나무 집에서 미꾸라지가 헤엄치는 추어탕을 대접받고 서둘러 지정면 간현리 풍광 좋고 명소가 많아 널리 알려진 지명이다. 여기로 이곡사를 찾았다. 큰 소나무가 둘러서 있는

높은 돌 층층대를 올라 솟을 대문에 들어가니 정면 3간 측면 2간 팔작지붕의 아담한 사당이 있고 중앙 시조의 위패를 중심으로 좌우 15위의 위패가 나란히 모셔져 있다. 공의 신위에 분향 재배하고 그 자리에서 사적을 공부하였다.

　중관선생이 공의 고조가 진사로 은덕불사(隱德不仕) 하였는데 덕인을 존경하라면서 요즘 사람들 버릇이 없어 어른 공경할 줄 모르고 대통령 이름도 함부로 지어 부른다고 불손한 시속을 나무랐다. 또 공이 어려서부터 학문에 힘써서 과거를 했다(力學登科)면서 사람이 게으르면 못쓰니 힘써 공부하라고 힘주어 일렀다. 공이 공민왕 때 종부시령으로 신돈의 농정(弄政)을 치려다가 벼슬을 쫓겨나서 새 조정의 부름을 마다하고 원곡이랑 벗하며 치악산에 들어가 단을 베풀고 전왕을 제사 지내는데 여러 선비들과 함께 하였으니 그 곧은 절개 굳기가 황벽나무 같고 차기가 얼음 같다고 하였다.

　끄트머리에 중관선생은 공이 벼슬에서 쫓겨나서 원주에 돌아와 새 조정의 부름을 안 듣고 원곡과 평생을 같이 한 분들을, 우리 역사에 빛나는 위인 충절들 곧 곡피직아(曲彼直我)한 백제의 좌평 중상(仲常), 대사송죽(臺榭松竹)한 신라 최고운, 영원한 계림지신(鷄林之臣) 박제상, 그리고 기성지교를 한 포산의 두 성사(聖師) 관기와 도성에 비유, 공을 극구(極口) 칭송하고 영탄(咏嘆)하기를 길게 하여 방안을 뜨겁게 하였다. 마치면서 중관선생이 공의 굳은 절개를 새긴 큰 비석(堅節大書深筆珉)이 있는 줄 알고 썼는데 와 보니 그것이 없다고 하여 한바탕들 웃었다. 사당을 나오며 왼쪽에 위선단(爲先壇)이 있어 원주이씨 중흥비와 위선사치적비가 나란히 서 있다. 다른 종중에서 못 보았으니 원주이씨의 조상 위하는 정성의 본을 본다. 오늘 개천절, 우리도 단군을 생각해 본다.

　3시 반. 시 짓기를 숙제로 미루고 버릇처럼 바삐 차에 올랐다. 문막에서 고속도로를 타다가 무내기 휴게소에서 잠깐쉬어 길이 막힌다는 소리를 듣고 여주, 이천으로 돌아 양지, 신갈을 거쳐 오니 막히지 않았다. 6시 반 사당역, 기다린 듯 장대비가 한 보지락 쏟아진다. 사람들 지하철입구로 뛰어 들어가는 꼴이 꿀이 구멍 찾아드는 게 같다고 생각하니 우습다.

오늘 우리 이 행사가 있게 하고 시종 도움을 준 원주이씨 종친회(회장 이지연) 이규정 부회장과 서울서부터 동승하여 안내를 맡아준 이강연 총무에게 감사드린다. 오늘 참석한 이는 중관선생과 총무, 벽고, 고룡, 욕천, 갑고, 우인, 설전, 석초, 가산, 삼우당, 서봉회원하고 정산, 오외수, 김영석, 이경희, 이한국, 이상칠씨 18분이다. 끝으로 시조 한 수를 덧붙인다.

서봉 조철식 씀.

마을 앞 냇길 따라 맑은 물 흘러내려
너른 들 자란 낟알 다소곳 자란 폼이
옛님의 곧은 마음을 쏙 빼 닮은 그 모습

송암 김영석

248. 송암공묘(松菴公墓)에서

한 그루 푸르른 솔
예 심어 가꾸리라

잘 자라 가지 뻗어
바람도 맑혀가고

나달이 더해갈수록
그늘 또한 짙으리

최중관

▲ 송암공묘(松菴公墓)

▲ 송암공묘(松菴公墓) 앞에서

▲ 송암공묘비

▲ 송암공 공부를 하며

248. 松菴公墓 (송암공묘)

松菴公墓在忠淸南道牙山市道高面道山里漁浪村後山酉
坐原公諱秩字國祥金寧人高祖諱克稅門下侍郎曾祖諱重原
吏部尙書祖諱貴甲密直副使考諱挺申工曹典書以生公恭愍
王三十甲辰年也自幼穎哲力學登科官至小府少監爲君盡誠
國事日非甚苦嘆息及壬申變易新朝以舊誼冊錄開國原從勳
封金寧君皆不受遠遯于新昌漁浪谷築茅屋杜門絶世事守不
事二君之節後屢徵以禮曹判書亦終不起自號松菴作回文詩
曰松塢築菴號以松松風愛聽撫孤松松友人兮人友松松知我
也我知松云如此以詩書自娛而終也時新朝六十三年甲戌享
年九十一也配密陽朴氏祔左有一男益生中樞副使童年至孝
㫌其閭黃尨村贈句曰父忠子孝海東傳云嗚呼松菴之節與子
之孝以爲庭訓卽忠孝成家風而代代遺傳於金寧金門也讚曰

　　　牙述山川霜葉文　　楓林晥塢一高墳

曲牆穹屋石人偉　烏碣大書忠節焄
곡장궁옥석인위　오갈대서충절훈

變易落鄕淸操烈　禮徵不答狷心炘
변역낙향청조열　예징부답견심흔

松菴自號傳庭訓　孝義金門萬古蕡
송암자호전정훈　효의김문만고분

248. 송암공묘(松菴公墓)

송암공 산소는 충청남도 아산시 도고면 도산리 어랑촌 뒷산 유좌의 언덕에 있다. 공의 휘는 질(秩)이요, 자는 국상(國祥)이며 김녕사람이다.

고조의 휘는 극세(克稅)요, 문하시랑이었다. 증조의 휘는 중원(重源)이요, 이부상서였다. 조의 휘는 귀갑(貴甲)이요 밀직부사였고, 고의 휘는 정신(挺申)이요 공조전서였다. 공민왕 13년 갑진년에 공을 낳았다. 공은 어려서부터 영특하고 깨달음이 있어 학문에 힘써 과거에 올랐다. 벼슬이 소부소감에 이르렀다. 임금을 위하여 정성을 다하였으나 나라일이 날로 잘못되어서 심히 고통스러워 탄식하였다. 임신년 변역에 이르러 새로운 조정에서 옛 의리로써 책록하기를 개국원종훈으로 하고 김녕군을 봉하였으나 다 받지 않고 멀리 신창면 어랑곡으로 숨어들었다. 띠집을 쌓고 문을 걸어 닫고 세상과의 일을 단절하고, 불사이군의 절개를 지켰다. 새 조정에서 예조판서로써 여러 번 불렀으나 끝까지 나가지 않았다. 스스로 호를 송암이라 하고 회문시를 지어 읊기를,

　　소나무 언덕에 암자를 쌓고 스스로 호를 소나무라 하고
　　솔바람 듣기를 좋아하며 우뚝한 소나무를 어루만지도다
　　소나무는 사람을 벗하고 사람은 소나무를 벗하니
　　소나무가 나를 알고 내가 소나무를 아는구나

라고 스스로 지어 읊으면서 즐기다가 마쳤다. 때에 새 조정이 선지 63년 갑술년으로 향년 91세였다. 부인은 밀양박씨로 함께 묻혔다.

  1남이 있으니 익생(益生)으로 중추부사였다. 어렸을 때 효성으로 정려문이 섰다. 황방촌이 글을 지어 말하기를, '아버지는 충이요, 아들은 효자로 해동에 전해진다'라 했다.

  오호라! 송암의 절개와 아들의 효로써 가훈을 삼았도다. 충과 효로 가풍을 이루어 대대로 유훈으로 김녕김씨 문중에 전하도다. 기려 노래하노니,

    아산 산천엔 단풍이 곱게 물들었는데
    단풍 숲 밝은 언덕에 한 무덤이 크도다
    구부러진 담장에 둥근 무덤 돌사람이 우뚝한데
    비석엔 큰 글씨로 충절의 향기가 새겨져있구나
    변역에 고향으로 떨어졌으나 맑은 지조 매운데
    예로 불렀으나 답하지 않던 굳은 절개 빛나는구나
    송암이라 호를 지으니 가훈으로 전해지고
    효와 의가 김씨 문중에 만세토록 울리리로다   [전]

솔가지 이엉 엮고
결 고른 우물마루

솔내음 서리라고
솔들보 올렸더니

기울어 가여운 노을
낯 붉혀서 머물다

벽고 장 대 열

언덕 위 띠집 엮어
가꾸리 푸르름을

가끔씩 부는 바람
저리도 시원한데

때 없이 아리는 마음
솔 비늘은 알리라

고룡 맹치덕

나 너를 너는 나를
아픔도 즐거움도

솔바람 끈끈함을
비비고 또 비빈다

거시기 거시기하다
그렇다고 하리라

　　　　　욕천 최장호

앞에도 소나무요
뒤에도 소나무라

이것이 마음인데
무얼 더 바라느냐

비워둔 마음인지라
급할 것이 없구나

노산당 전향아

소나무 집에 살아
솔 소리 즐겨 듣고

일 다한 그 아버지
아들의 정문서니

그 자리 더운 물 솟아
식은 가슴 데우네

　　　　　　서봉 조철식

솔바람 부는데로
읊으니 맑은 소리

서울 손 어찌 알고
한걸음 달려와서

눕자리 빙둘러앉아
내마음을 달래네

설 전 임준신

불러도 안 나가고
주어도 물리치며

숨어든 어금니 뫼
띠 집을 얽어 놓고

속 풀은 소나무 노래
푸른 그늘 맑구나

우인 경우수

송암공묘(松菴公墓)에서

소나무 가지마다
엔제나 푸르름이

하나로 싱싱함에
스며든 솔내음을

아무리 겨울이라도
뿜어내며 서있네

　　　　시우 이경희

송암공묘(松菴公墓)에서

두온마흔여덟 번째 한가락 모임
때 : 2010(4343)년 11월 7일, 일요일, 맑음
곳 : 송암공묘 (松菴公墓) - 충청남도 아산시 도고면 도산리 어랑촌

  서둘러 서울역으로 달려가니 오전 8시다 이곳에서 온양까지 전철을 이용하기 위함이다. 8시 10분에 신창행 전철이 있다하니 그것을 놓치면 50분을 기다려야 한다.
  늘 커다란 버스만 이용하다 오늘은 전철로 신창까지 가야한다. 10시 30분에 신창에서 만나기로 하였으니 늦을까 조바심이 난다. 평택을 지나 천안, 온양을 거쳐서 느리게 느리게 달려가는 것이 제법 시간이 많이 걸린다. 신창까지가 꽤 먼 거리인가보다. 2시간 30분이 소요된다. 창밖으론 추위와는 상관없이 햇볕이 평화롭게 곳곳을 비춰주니 꼭 봄날 같아 마음 또한 편안해 진다.
  드디어 신창역에 내리니 미리 오셔서 기다리시는 중관선생님과 가산, 우인, 이경희, 강남에서 중관선생님께 강의를 들으시는 박선영선생과 문중의 총무 일을 맡아 보시는 분께서 나와 계셨다. 날씨는 맑은데, 신창역사 안이 좁은 편이라 우리 한가락 회원 17명이 서성거리니 설자리가 없다.
  서둘러 문중의 차를 타고 산소로 달렸다. 10여 분 달리니, 바로 야트막한 동산에 산소가 있다. 좌청룡 우백호가 잔잔하여 그리 높지는 않았으나 소나무에 감싸여 있는 산소는 아늑한 느낌이 든다. 이곳에 있으면 춥지 않을 것 같다. 다 함께 참배를 올리고 단체사진을 찍으면서 좌청룡 우백호에 얽힌 중관선생님의 간략한 설명을 들었다.
  오늘 공부는 재실이 없는 관계로 식당에서 해야 했다. 식당사장님의 양

해를 구하여 허락을 받아 따뜻한 방에서 편안하게 자료강의가 시작되었다. 우렁찬 중관선생님의 목소리에 모두 집중되어 눈만 반짝인다.

  욕심을 버린 공께서는 소나무를 벗 삼아 청렴결백을 몸소 실천하였다. 그래서인지 당시로서는 드물게 장수를 하였다. 강의가 끝나고 시조창으로 마무리를 짖고, 늦은 점심으로 특별식인 닭백숙을 먹으니 그 맛이 기막히다. 고기를 먼저 먹고 영양 죽으로 마무리를 하니 모두들 흐뭇한 표정이다.

  금강산도 식후경이라던가, 방금 담백한 어른의 성품을 공부했건만 배고픔을 참지 못하기에 많이 먹었다. 하지만 먹는 재미는 역사탐방의 별미가 아니던가, 곳곳의 향토 맛을 느끼는 멋이란 여행자만이 느끼는 특권이니 이 어찌 소홀이 할 수 있으랴. 문중의 총무께서는 점심대접을 못해드려 죄송하다며, 몹시 미안해하니, 그럴 수도 있는 일이지 오히려 우리가 미안해진다. 일정을 마치고 3시에 다시 신창역으로 와서 서울행 열차에 몸을 실으니 오늘의 일정이 마무리 되어간다.

  오늘 참석하신 분들은 선생님을 비롯하여 서봉, 갑고, 벽고, 고룡, 우인, 욕천, 설전, 삼우당, 이도섭, 이한국, 이상칠, 박선생, 김영석, 이경희, 손창봉, 노산당 17명이었다. 불편한 차편임에도 불구하고 참석해주신 모든 분들 정말로 고맙습니다. 시조 한 수를 덧붙이며 마칩니다.

노산당 전향아 씀.

아이들 마음에다 아버지 깊은 생각
뉘뉘로 내려오는 집안의 가르침에
어지신 어버이 숨결 잔디 위에 맴돈다

송 암   김 영 석

249. 학당재(學堂齋)에서

숨어든 아버지에
뒤따른 아들이라

새 벼슬 뿌리치고
아이들 가르치니

옳아라 이른 말씀에
마을 이름 새롭다

최중관

▲ 학당재(學堂齋)

▲ 전서공묘(典書公墓) 앞에서

▲ 학당공묘

▲ 전서공·학당공 공부를 하며

249. 學堂齋 (학당재)

學堂齋在忠淸南道燕岐郡全東面美谷里金典書公學堂公
父子節臣追慕處也典書公諱成牧安東人高祖諱方慶高麗都
元帥上洛君諡忠烈曾祖諱愃典法判書祖諱承用寶文閣大提
學考諱玖監察司掌令以生公自幼穎敏以忠孝爲庭訓力學登
科恭愍朝官至工部典書爲君國盡力及麗末國事日非國運將
訖與判書成萬庸評理卞贇大司成李穡博士鄭夢周典書趙悅
慨嘆垂泣把酒論懷而言曰如殷末三仁各隨意而散行若何乎
公遂決意歸田至雲住山西麓深谷築茅屋杜門絶世事以詩書
自娛而終也配興陽趙氏掌令文祐女墓在所居後山晥塢合窆
也學堂公諱休字鍊夫號學堂嘗修學於圃隱門下與崔瀁同門
登科歷檢校近侍恭愍朝司諫當麗末避革命勢力無復有志於
仕進而解紱退于松嶽山講學所與知仁州事金承露處士崔浩
掌令徐甄同門諸賢探究墳典以爲樂及壬申變易痛哭後出南

門遠遯于父之處雲住山美谷也其後新朝徵授護軍不進又再
문원둔우부지처운주산미곡야기후신조징수호군부진우재

拜漢城左尹亦不應皆託以事老親之故然實守不事二君之節
배한성좌윤역불응개탁이사로친지고연실수불사이군지절

哉公性唯狷直而不聞人惡以信交友指導後進一心不倦遠近
재공성유견직이불문인오이신교우지도후진일심불권원근

冠童來往不絶不問寒暑不斷經聲山谷響動草木傾耳云由是
관동내왕부절불문한서부단경성산곡향동초목경이운유시

也今洞名別號學堂也嘗全義形勝詩曰三峯聳秀圍平野二水
야금동명별호학당야상전의형승시왈삼봉용수위평야이수

奔流繞故城配善山金氏墓在典書公幽宅同原階下合窆也嗚
분류요고성배선산김씨묘재전서공유택동원계하합폄야오

呼父子雙節兮沈那素那哉入牧圃門下兮升堂覩奧也哉讚曰
호부자쌍절혜심나소나재입목포문하혜승당도오야재찬왈

雲住山人貞義元　　學堂洞塢二高墦
운주산인정의원　　학당동오이고번

典書父子萬年宅　　司諫孝忠千尺琨
전서부자만년택　　사간효충천척곤

麗末與賢垂淚息　　鮮初逆命事親尊
여말여현수루식　　선초역명사친존

一家雙節何多有　　甲族安金百世麔
일가쌍절하다유　　갑족안김백세눈

249. 학당재 (學堂齋)

학당재는 충청남도 연기군 전동면 미곡리에 있다. 김전서공, 학당공 부자 절신을 추모하는 곳이다. 전서공의 휘는 성목(成牧)이며 안동인이다. 고조의 휘는 방경(方慶)이요, 고려도원수, 상락군이며, 시호는 충렬이다. 증조의 휘는 선(愃)이요, 전법판서였다. 조의 휘는 승용(承用)이요, 보문각대제학이었고, 고의 휘는 구(玖)요, 감찰사장령으로써, 공을 낳았으니 공은 어려서부터 영특하고 민첩했으며, 충효로써 가훈을 삼았고, 힘써 공부하여 과거에 올랐다. 공민왕조에 벼슬이 공부전서에 이르렀다. 나라와 임금을 위하여 힘써 노력하다가, 여말의 나라일이 날로 잘못되니 나라의 운이 장차 다할 것을 알고, 판서 성만용과 평리 변빈(卞贇)과 대사성 이색(李穡)과 박사 정몽주(鄭夢周)와 전서 조열(趙悅)과 개탄하여 눈물을 흘리며 술잔을 잡고 속마음을 풀어 말하기를, "은나라 말엽에 세 어진이의 각각 뜻을 따라서 흩어져 떠난 것 같음이 어떠하리오." 하고, 공은 드디어 쾌연히 뜻을 따라서 시골로 내려가 운주산 서쪽 기슭 깊은 골에 이르러 띠집을 짓고 문을 닫아 세상의 일을 끊었고, 시, 서로써 스스로 즐거움을 삼다가 돌아갔다. 부인은 흥양조씨로 장령 문우(文祐)의 따님이다. 산소는 살던 곳 뒷산 밝은 언덕에 합장하였다.

학당공의 휘는 휴(休)요 자는 연부(鍊夫)이며, 호는 학당(學堂)이다. 일찍이 포은 문하에서 학문을 닦고, 최양(崔瀁)과 더불어 같은 문하에서 함께 과거에 올랐다. 검교근시를 역임하다가 공민조에 사간이었는데, 여말을 당하여 혁명세력을 피하여 다시 벼슬에 나갈 뜻이 없어서 인끈을 풀어놓고 송악산 강학소로 물러났다.

인천지사 김승로(金承露)와 처사 최호(崔浩)와 장령 서견(徐甄) 등 동문의 모든 어진이들과 깊이 중국 옛 고전을 더듬어 연구하면서 즐거움을 삼았다. 임신년 변역에 미침에 통곡한 뒤 남문으로 나가 멀리 아버지 계신 곳으로 숨었으니 운주산 미곡리였다.

그 뒤에 새로운 조정에서 호군벼슬을 주고 불렀으나 나가지 않았고, 또 거듭 한성좌윤을 주었으나 또한 응하지 않았다. 모두 어버이를 섬기겠다는 핑계를 대며 거절하였으나 실상은 불사이군의 절개를 지키려함이다. 공의 성품은 오직 고집스럽게 정직했으며, 남의 단점을 들으려 하지 않았고, 믿음으로 벗을 사귀었고, 후진을 인도하기를 오직 한마음으로 게으르지 않았으니, 멀거나 가깝거나 글벗들의 왕래가 끊이지 않았다. 춥거나 더운 것을 가리지 않고 글 읽는 소리가 끊어지지 않았으니, 산골짜기에도 소리가 진동하여 산천초목도 귀를 기우렸다고 이르더라.

이로 말미암아 지금도 동네를 이름하여 학당이란 별호가 생겼다. 일찍이 전의의 경치를 시로써 말하기를,

빼어난 세 봉우리 우뚝하니 평야를 빙 둘러있고
두 물줄기 물이 거세게 흘러 운주산성을 에워싸 돌고있구나

부인은 선산 김씨로 산소는 전서공 유택의 같은 언덕 아래에 있다.
오호라! 부자의 쌍절이여, 심나소나(沈那素那)¹⁾일진져. 목은 포은 문하에 들어감이여, 승당도오(升堂覩奧)²⁾라 하리로다. 기려 노래하노니,

운주산 사람이여 곧고 의로움이 으뜸인데
학당동 언덕엔 두 높은 무덤이로다
전서공 부자의 만년유택이요
사간공 충효의 천척의 빗돌이로다
고려말 어진이와 더불어 눈물을 흘리며 탄식했고
조선 초 명을 어기며 어버이를 높이 섬겼도다
한 가족의 쌍절개가 어찌 많이 있으리로
갑족의 안동 김씨 백세의 향기로다 　　　　㊉

---

1) 심나소나(沈那素那) : 용감한 아버지엔 용감한 아들이라.
2) 승당도오(升堂覩奧) : 훌륭한 스승 밑에서 깊은 것을 깨달았다.

겹둘린 갈대 들녘
어스름 골골 안개

곧은 길 걸은 아비
뒤 따른 아들 자국

다부진 소리소리가
언덕배기 가득다

                벽고 장대열

아버지 뜻을 따라
바깥일 귀를 막고

외로운 물길 되어
다 잡은 마음이니

아이들 글 읽는 소리
너울 되어 흐른다

                    고룡 맹치덕

등마루 바로서서
꿈꾸며 바라보며

커가는 어린아이
누구를 닮았던가

배움터 커가는 그림
오늘부터 새롭다

                욕 천 최 장 호

나랏일 아버지 몫
집안 일 아들의 몫

꼿꼿한 그 마음에
불러도 손 저으니

그 밑의 아들 아들이
절로이어 따른다

노산당 전향아

구름이 머무는 뫼
아들이 아배 따라

얽어 논 띠 집 하나
이름이 배움의 집

아이들 가르쳐 내니
마을 이름 배움 골

갑고 홍영표

큰 눈이 내일 모레
하늘 빛 스산하다

눈물로 숨어든 곳
구름 뫼 하늬자락

자제도 인끈 풀고 가
두 물보고 읊었네

　　　　　　서봉 조철식

구름샘 아홉구비
터잡아 다락얽고

떠가는 구름속에
조오는 할아버지

시원한 맑은 바람에
옷자락을 여민다

　　　　안일당 이원희

글 소리 커질수록
아버지 생각나고

임금님 그리울 땐
옛 서울 바라보며

아이들 내 말 들어라
채찍들고 외친다

          설 전 임준신

아버지 이어 숨은
구름이 머문 뫼 골

이제는 내가 할 일
글 읽고 가르칠 일

때와곳 그 소리 넘쳐
고을 이름 되었네

     우인 경우수

봉우리 깊은 골에
옛 서울 꿈이로다

솔언덕 새 빗돌에
새겨진 아비 아들

어진님 섬기나이다
소리치고 숨 삼켜

가산 임봉훈

멀리나 가까이나
언제나 어디서나

우리는 서라벌의
한 핏줄 이어내려

밝은 달 맑은 바람에
글소리가 높구나

　　　　　　서원 김용대

깊은 골 고갯마루
배움터 얽어놓고

아이들 키우면서
옛 임금 그리워라

온 집안 솔대 가꾸어
뒷날 더욱 빛나리

　　　　　삼우당 장선숙

사립문 열고 나가
옛님을 마주하니

바람을 뛰어 넘고
배움에 가슴 뭉클

우렁찬 글 읽는 소리
오늘에도 들린다

시우 이경희

학당재(學堂齋)에서

두온마흔아홉 번째 한가락 모임
때 : 4343(2010)년 12월 5일, 일요일, 맑음
곳 : 학당재(學堂齋) - 충청남도 연기군 전동면 미곡리

　어제까지도 쌀쌀한 겨울 날씨가 오늘은 마치 봄날처럼 화창하였다. 가는 곳이 가까운 충청도이므로 자가용에 분승해 가기로 하였다. 중관선생님을 비롯한 우인, 노산당, 욕천, 벽고, 서봉, 갑고, 설전, 가산, 삼우당, 서원, 김형수, 손창봉, 이경희, 김영석씨 등 한 달에 한 번 뵈는 분들이라 반갑게 인사를 하고 자가용 5대에 18명이 나누어 타고 사당역을 출발하였다.
　이번 역사 탐방은 충청남도 연기군 전동면 미곡리에 있는 학당재로 고려 말 충신 전서공(典書公) 김성목(金成牧)선생과 그의 아들인 학당(學堂) 김휴(金休)선생의 재실이다. 연기군의 유래를 보면 삼한 때는 마한에 속하였고, 백제 때는 구지현, 두잉지현, 소비포현 등으로 나누어져 있었으며 연씨, 전씨 등이 이곳에서 활동하였다고 한다. 통일신라 이후 연기현, 전의현으로 내려오다가 1914년 행정구역개편에 따라 연기와 전의를 합하고 금강 건너 금남을 연기에 편입시켜 현재의 모습을 갖추었고, 1읍 7개면 대략 8만 정도의 인구가 거주하고 있다. 2010년도 정치권을 떠들썩하게 했던 세종시 문제가 바로 연기군 남면지역이다. 후삼국 시대 고려 태조 왕건이 금강을 건너 공주의 견훤과 싸움을 벌이기 위하여 금강에 도착하니, 7월 장마로 물이 불어 건널 수 없게 되자, 이치는 죽음을 무릅쓰고 왕건을 건너 주어 이때의 공으로 이름을 하사받아 이도(李棹)라 부르고 전의이씨 시조가 되었다고 한다.『신증동국여지승람』「연기현」에 보면 '백성들이 농사에

부지런히 힘쓰고, 남을 고자질하는 풍습이 없다.'라 하여 순박한 충청도 사람의 모습을 짐작할 수 있다. 또 '고려 충렬왕 17년(1291년)에 합단(哈丹)이 침범해 왔다. 왕이 한희유·김흔 등으로 하여금 3군을 거느리고 본 현 북쪽 청주 경계에 위치한 정좌산 아래에서 싸워 크게 이기고, 공주 웅진까지 추격하니 땅에 깔린 시체가 30여 리까지 이어졌으며, 베인 머리와 노획한 병기 등은 이루 헤아릴 수 없었다.'하니 이것이 바로 연기대첩으로 조치원읍 부근의 고북저수지 부근에 연기대첩비를 세워 전투의 승리를 기념함과 동시에 전장에서 죽은 고려 군인들의 넋을 위로하고 있다.

잠시 망향휴게소에 들러 휴식을 취한 후 경부고속도로를 달리다가 천안 나들목을 나와 연기군 전의면 면사무소 앞에 도착하니 안동김씨 전서공파 회장이신 김근성(金根成)씨와 도유사 김승회(金承會)씨가 반갑게 맞아주시며 우리를 안내하였다. 이곳에서 10여 분을 달려 학당재에 도착하였다. 낮은 언덕 위쪽에 아버지 전서공의 묘소가 있고, 아래쪽에 아들 학당공의 묘소가 있는데 10여 년 전 새 석물로 단장하였다고 한다. 먼저 경건한 마음으로 두 분께 참배를 하고 재실로 내려와 중관선생님이 준비한 두 분에 대한 자료를 공부하였다.

이 번 역사탐방은 다른 때와 달리 두 분의 고려말 충신을 함께 공부했다는 점이다. 대략적으로 공부를 마치고 삼우당이 두 분을 기리는 한시를 지어 청아한 목소리로 낭랑하게 읊조리니 그 맛이 더욱 새로웠다. 특히 문중 회장님께서는 감동하셨는지 전의면 유천리에 있는 음식점에서 시원한 버섯전골로 점심 식사를 대접하였다. 감사한 마음으로 맛있게 먹었지만 은근히 두 분을 기리는 시조를 짓는 것이 걱정이 되었다. 타고 온 자가용에 분승하여 돌아오는데 약간의 도로 정체가 있었지만 무사히 서울에 도착하였다. 차운 한시 4수와 시조 1수를 덧붙이면서...

고룡 맹치덕 씀.

聳秀三峰形勝元　　우뚝 솟은 세 봉우리는 아름다운 경치로 으뜸인데
雲山幽谷節臣墦　　운주산 깊은 골엔 절개지킨 신하의 무덤이로다
來龍南北古都夢　　내룡은 남북으로 뻗어 옛 도읍의 꿈이요
神道東西新筆琨　　신도는 동서로 뻗어 새붓의 빗돌이도라
父子事君松岳順　　아버지와 아들이 임금을 섬김은 송악을 따라 지킴이요
孝忠育弟竹心尊　　효도와 충성으로 제자를 키움은 죽심을 높임이로다
震邦麗史福州裵　　진방의 고려 역사 안동에서 뻗어나오니
金閥遺勳天世馨　　김씨 문벌이 남긴 공적 천세토록 향기나도다

佳山　任奉壎

自古全東名士元　　자고로 전동 땅은 이름 있는 선비들로 으뜸인데
學堂吉地先人墦　　학당동의 길지는 우리 조상의 묘소로다
雅裝齋舍裔孫敬　　아담하게 꾸민 재실은 후손들의 공경이요
大節碑文崇祖琨　　크게 쓴 비문은 조상을 높이는 빗돌이로다
父子無雙忠節固　　아버지와 아들은 둘도 없이 충절을 굳게했고
君臣唯一綱常尊　　임금과 신하로서 오직 하나 강상을 높였도다
德行正義宣揚裏　　덕행과 정의를 드날리는 속에
功烈名門萬世馨　　공이 많은 명문으로 만세토록 향기로우리라

西原　金容大

美谷古村淑氣元　　미곡 옛 마을엔 맑은 기운이 으뜸인데
典書公墓學堂墦　　전서공묘 학당공의 무덤이 있도다
穹形幽宅平凡像　　둥근 모양의 무덤은 평범한 모양이요
神道高碑堅介琨　　신도의 높은 비는 단단한 옥돌이로다
牧圃授心淸節大　　목은 포은이 마음을 주어 청절이 컸고

冠童受誨誠忠尊　어른 아이 가르침 받은 성충이 높도다
孟冬此處暖陽裏　맹동의 이곳은 햇볕으로 따뜻한 속에
名閥綿綿千世馨　명문으로 천 대를 이어이어 향기롭로다

안일당 이원희

二水三山雲住元　두 물줄기와 세 산이 어울린 곳은 운주산이 으뜸인데
一峰落脈高人墦　한 봉오리 떨어지는 맥에 높은 사람의 눕자리로다
齋宮塢上明堂穴　재실 언덕위로는 명당혈이 흐르고
洞口路邊神道琨　마을 어귀 언저리엔 신도비가 빛나도다
父子爲王忠節盡　아버지와 아들은 임금을 위해 충절을 다했고
師生登塾經聲尊　선생과 제자 글방에 오르니 경전 소리 높도다
典書司諫携南遯　전서 사간의 몸을 끌고 남으로 숨어드니
麗末金門靑史馨　고려말 김씨문중 청사에 향기롭도다

魯山堂 全香阿

아버지 아들 이어 한 집안 둘이어니
크도다 곧음이여 그 마음 어디메뇨
한줄기 뒷뫼 눕자리 스며드는 땅 내음

송암 김영석

250. 사인공단(舍人公壇)에서

뛰어난 재주인데
닥쳐온 귀양살이

아깝다 어이하랴
멀리로 숨어들어

함부로 쓸 수 있겠나
기다리자 그 날을

최중관

▲ 이사인공단(李舍人公壇)

▲ 이사인공단(李舍人公壇) 앞에서

▲ 해동수양비

▲ 이사인공 공부를 하며

250. 李舍人公壇 (이사인공단)

舍人公壇在全羅北道益山市熊浦面笠店里公諱蓨慶州人
高祖諱升高曾祖諱得堅尙衣局直長祖諱翮尙書左僕射考諱
世基檢校政丞大提學以生公第四男而益齋從弟也自幼穎才
力學不倦登科後官爲門下舍人以德業文章可被澤於生民又
黼黻皇猷前途有望當權奸之憎忌流江華島移配平北郭山及
壬申變易赦後避諸誘惑携第二男處中遠遯于甘勿阿之咸羅
山下笠店洞守不事二君之義晩年移居臨陂築書室南山下以
文史自娛而終焉衣屨之葬歲久莫徵設壇於咸羅山下薦以享
祀又有壇碑海東首陽碑之二碑深銘大節用盡羹墻之孝也嗚
呼錦繡文章瑚璉之器中途挫折倘有天猜忌乎國運否塞兮嘆
息不已也韜跡咸羅罔僕之志兮堅於鐵石也後孫至誠擇墟樹
壿兮以介景福也四時焚香遠近參拜兮振鷺飛西雝也哉讚曰

　　　時序季冬小大寒　　負風鞭馬一高壇

舍人遠遯隱居址　堅節深銘追慕玕
사인원둔은거지　견절심명추모간

僻地流刑才挫塞　玆年鼎革身韜蟠
벽지유형재좌색　유년정혁신도반

國朝百六何如斥　此處他天倘口攤
국조백륙하여척　차처타천당구탄

250. 이사인공단(李舍人公壇)

사인공단은 전라북도 익산시 웅포면 입점리에 있다. 공의 휘는 조(脩)요 경주사람이다. 고조의 휘는 승고(升高)요, 증조의 휘는 득견(得堅)이며 상의국직장이었고, 조의 휘는 핵(翮)이며 상서좌복야요, 고의 휘는 세기(世基)이며 검교정승대제학으로써, 공을 낳았으니 넷째아들이요, 익재의 종제(從弟)였다. 어려서부터 영특하고 민첩하여 힘써 배우기를 게을리 하지 않았다. 과거에 올라 후에 벼슬이 문하사인이 되었다. 덕과 문장이 뛰어나 생민에 은택을 입힐 수 있었고, 또 왕의 계획을 도와줌으로써 전도유망하였다.

권세 잡은 간신들의 미움을 당하여 강화도로 귀양을 갔다가 다시 평북곽산으로 옮겼다가 임신년변역을 당하여 사면된 뒤에 모든 유혹을 피하여 제2남 처중을 끌고 멀리 감물아 함라산 아래 임점동으로 숨어들었다. 불사이군의 의를 지키면서 만년에 임피로 옮겨 남산 아래에 서실을 짓고 문과 역사로써 스스로 즐거움을 삼으며 생을 마쳤다.

옷과 신발로 장사지낸 묘는 세월이 오래되어 증험할 수 없어서 함라산 아래에 단을 설치하여 향사를 올린다. 또 단비와 해동수양비 2비가 있다. 깊이 큰 절개를 새겨서 조상을 떠올리는 효를 다하였도다.

오호라! 비단에 수를 놓은 듯한 문장, 호련의 그릇인데 중도에서 좌절되었으니, 아마도 하늘의 시기가 있음일진져! 나라의 운이 막힘이여 탄식을 그칠 수 없도다. 자취를 함라에 감추고 망복의 뜻을 지킴이여, 쇠와 돌같이 단단함이로다. 뒤에 후손의 지극한 정성으로 땅을 가려 제터를 세움이여 큰 경복이로다. 사시로 향을 사르니 멀고 가까이에서 참배함이여, 갈매기 날아올라 서옹(西雝: 연못)에 떨침이로다. 기려 노래하노니,

    때는 바야흐로 소한에서 대한으로 넘어가는데
    바람을 지고 채찍을 가하니 한 높은 단이로다
    사인공이 멀리 자취를 감추고 숨어든 땅이요
    굳은 절개를 깊이 새겼으니 추모하는 빗돌이로다
    궁벽한 곳으로 귀양가니 재주가 꺾이고 막혔고
    원숭이해 혁명으로 엎드려 몸을 숨겼도다
    나라의 액을 어떻게 물리치리오
    이 곳의 저 하늘이 아마 입을 열어 말하리로다   [전]

빼어난 글재주에
아늑한 다솜 나눔

부딪는 나달 틈에
시름에 건넌 곰개

까치밥 외롭게 붉어
에는 눈발 견디다

벽고 장대열

높은 뜻 펼치려다
돛대는 부러지고

마쪽에 숨어들어
지켰던 한 맘이니

받드는 우뚝한 빗돌
깊이 새긴 푸르름

        고룡 맹치덕

빼어난 재주라서
남의 눈 가시되어

머 얼리 귀양가니
그을은 가슴앓이

조그만 글방 얽어서
달래보는 마음아

　　　　　노산당 전향아

간사한 무리 탓에
치러낸 귀양살이

아깝다 어이하랴
숨어든 감물아지

닦아진 재주 일랑은
먼 뒷날에 바치리

　　　　　갑고 홍영표

곰개로 들어가자
꾐수에 속지 말고

귀양서 풀리고도
숨어서 살았으니

다시는 헤지지 말고
함께 살자 둘째야

　　　　　　서 봉　조 철 식

가운데 큰 대나무
푸른 솔 울타리라

본 몸은 잃었더냐
검은돌 세웠구나

눈비에 바람 차더니
먼데 손님 맞이해

　　　　설 전　임 준 신

넷째로 왔지만은
재주는 첫째로다

하늘의 시샘인가
때 잘못 만났으나

언젠가 그 재주 피어
빛 볼 날이 있으리

                      우인 경우수

미운 털 박힌 그대
눈바람 거센 곳에

떠나가 하늘 보며
몸부림 치던 끝에

돌리어 제자리 찾아
꽃피울 날 손꼽네

　　　　시우 이경희

이사인공단(李舍人公壇)에서

두온쉼 번째 한가락 모임
때 : 4344(2011)년 1월 9일, 일요일,
곳 : 이사인공단 (李舍人公壇) - 전라북도 익산시 웅포면 입점리

신묘년(辛卯年)이 시작되려면 아직 한 달이나 남아있다. 서양의 문물제도가 우리 나라에 들어온 다음부터 우리는 어색하면서도 어쩔 수 없이 신정과 구정을 지내고 있다. 신묘년(辛卯年)은 구정의 시작이지만 사회적으로 서력기원과 섞여 지나간다. 정초의 의식으로는 조상님들께 지내는 차례 제사가 있다. 우리의 조상님들은 언제 후손들을 찾아야 하는지 망설이실 것이다. 지난 해(庚寅)에는 남북관계에서 어려운 시간을 보냈다. 천안함 침몰과 군인들의 희생, 연평도 피격 사건은 국민들을 불안하게 만들었고, 남북관계는 한 치의 양보와 대화도 없이 충돌 직전이었다. 새해에는 밝은 해가 높게높게 솟아오르듯이 희망이 용솟음치는 한 해가 되기를 기원한다.

오늘은 전라북도 익산시(益山市) 웅포면(熊浦面) 입점리(笠店里)에 있는 고려말 절의충신 이조(李蓧)의 단(壇)을 찾아간다. 설전(雪筌-임준신)이 새해를 맞이하면서 멋진 그림을 각 회원들에게 선물한다.

(지리 설명)
익산시(益山市)는 전라북도 서북단에 위치하며 노령산맥의 지맥인 천호산과 미륵산이 동부에 아름다운 산세를 이루고 있다. 서북부에 함라산 줄기가 이어져 남서로 향하는 구릉과 대, 소하천이 비옥한 평원을 이룬다. 북(北)으로는 금강을 경계로 충남 논산시와 부여군에, 서(西)로는 옥구평야에, 남(南)으로는 만경강을 경계로 김제평야에 접하고 있다. 호남선이 남북으로 중앙을 관통하고 익산역을 기점으로 하는 전라선과 군산선(장항선)이

동서로 통과하며, 호남고속도로는 동부를 지나 금마 진입로에 있고, 1번 국도와 23번 국도 및 10여 개의 국도, 지방도 등 전국 각지를 이을 수 있는 편리한 교통망이 갖추어져 있다. 익산은 서해와 옥구, 김제 평야를 어머님 품안으로 껴안고 있는 형상이다. 배가 움직이기 위해서는 물류가 유통되어야 하는 것과 같이 일맥 교통의 중심지로 자리 잡고 있기도 하다.

웅포면의 행정구역은 입점리, 웅포리, 송천리, 고창리, 맹산리, 제성리, 대붕암리 등 법정리 7개리와 25개의 자연마을로 구성되어 있다. 지역 특성은 농업을 전업으로 하며, 백제고분과 숭림사 등 다수의 문화재가 산재해 있으며, 금강하구, 금강호, 웅포대교를 연계한 관광유원지로 수상레포츠의 적지이며, 웅포산을 병풍으로한 수려한 자연지역으로 시민정서함양에 알맞은 곳이다.

함라산은 전라북도 익산시 함라면 함열리와 웅포면 웅포리·송천리의 경계에 있는 산으로 해발 240.5m이다. 산줄기가 금강(錦江)의 연안과 맞닿아 있고, 정상에 서면 호남평야와 서쪽으로 웅포관광단지가 내려다보인다. 등산로가 잘 정비되었으며, 정자 등의 휴식 공간도 마련되어 있다. 서쪽 봉우리인 소방봉(所方峰)에 봉수대가 있었다고 하는데 지금은 그 터만 남아 있으며, 북쪽에 신라 경덕왕 때 창건된 숭림사(崇林寺)가 있다. 숭림사 경내의 보광전은 1345년(고려 충목왕 1) 때 창건된 것으로 보물 제825호로 지정되었다.

며칠 동안 강추위가 계속되고 있다. 곧 한강도 얼어붙을 것이다. 오늘 참석하는 사람들은 모두 12명이다. 새벽 추위를 무릅쓰고 열성적으로 참석하셨다. 우리는 경부고속도로 천안을 거쳐 천안 논산간 고속도로로 들어가서 연무나들목으로 나가, 23번 도로로 강경역을 지나간다. 마침 문중에서 마중을 나오신 분들을 만나서 뒤따라간다. 용안 사거리에서 711번 지방도로로 가다가 함라면 금성리에서 723번 지방도로로 달려 함라산 자전거 둘레길 시작점에 도착하였다. 입구에 경주이씨 사인공파 설단(慶州李氏舍人公派 設壇)의 빗돌이 있다. 길은 두툼한 눈으로 덮여 있어서 보기는 좋았지만 걷기는 힘들었다. 두 마장쯤에 단이 보였다. 네모난 담장 안에 세 명의 단이 모셔져 있었다. 우리는 참배를 마치고 약간의 설명을 들은 뒤에 서둘러 내려 왔다. 날씨가 너무 추웠다. 재실이 있었는데 소실되었다고 한다. 근처에 있는 식당으로 옮겨서 오늘의 공부를 시작했다. 문중에서는 이신영(李信榮)님과 이효영(李孝榮)님이 참석해 길안내와 보충 설명으로 역사탐방을 도와 주셨다.

   점심식사가 끝나고 우리는 함라면 함열리에 있는 익산 함라마을 옛 담장길을 구경하기로 했다. 붉은 황토흙과 돌을 재료로 쌓은 토석담, 토담, 돌담, 전돌을 사용한 화초담 등 다양한 형태의 담이 혼재해 있다. 1,500m 길이의 옛 돌담장은 마을 안에 있는, 시, 도 문화재로 지정된, 김안균, 조해영, 이배영 가옥 등과 어우러져 형성되어 있어서 옛 향취를 맛볼 수 있게 한다. 계속해서 돌담길은 조성될 것이다. 지방자치제가 시행되면서 여러가지 일들이 경쟁적으로 추진되고 있다. 각 지역의 특색있는 혹은 있는 그대로의 모습만으로도 충분한 가치가 있다는 것을 깨닫게 해 주는 곳이다. 두시가 조금 넘어서 서울로 올라간다. 추위는 풀릴 것이다. 그리고 꽃피고 푸름이 짙은 봄날이 올 것이다. 고룡이 집에 간다고 옥구 벌판에서 차에서 내린다. 기회가 된다면 아주 게으르게 함라산을 산책하고 싶다.

   시조를 덧붙이며 오늘 참석자들을 적는다. 선생님, 노산당, 갑고, 고룡, 서봉, 우인, 설전, 손창봉, 가산, 김영석, 이경희 그리고 필자 벽고.

벽고(碧皐) 장대열(張大烈) 씀.

어디서 들리는가 구성진 저 목소리
너무나 뛰어나서 밀려난 그 슬픔에
가볍게 떨궈버린 뒤 읊어대는 큰마음

송암   김 영 석

251. 상수재(湘水齋)에서

피려던 꽃봉우리
된서리 웬말이냐

쓰라린 가슴이나
끝까지 견뎌내며

좋은 터 잡아놨으니
바라보는 먼 앞날

최중관

▲ 상수재(湘水齋)

▲ 직장공묘(直長公墓) 앞에서

▲ 직장공묘비

▲ 직장공 공부를 하며

251. 湘水齋 (상수재)

湘水齋在京畿道楊州市南面湘水里南陽洪公追慕處也公
諱智字明哲高祖諱戎重大匡判三司事南陽府院君曾祖諱澍
三重大匡僉議商議三司左使南陽君祖諱徵匡靖大夫判密直
司事上護軍唐城君考諱尙溥典法佐郞妣平壤趙氏以生公自
幼穎敏力學顯才早年登仕臨津渡丞傳雁開城王氏壽延大君
珪家俄而當壬申變易以剪王族遠流南海巨濟赦後除司宰監
直長不應蟄居以憂傷早終也墓在湘水里松山東南麓戌坐之
原配王氏祔階下也嘗有名僧無學自北道來過湘水驛北占葬
地又於漢陽東村占宅地此葬地所謂玉女散髮形以子孫繁昌
之明堂也育四男三女賀孫敬孫孝孫悌孫成抑李樑曹彙又有
一女之說卽王氏竄中行到尙州産女兒以令方急不得不留棄
邑人憐而乳之得不死厥後長成嫁蔡氏門也可謂萬幸哉讚曰

    湘水里墟神手删　　南洪閥族明堂山

高墳封樹孝誠極　大筆碑銘忠節爛
고 분 봉 수 효 성 극　대 필 비 명 충 절 란

鼎革剪王流遠島　禮徵逆命懷麗寰
정 혁 전 왕 유 원 도　예 징 역 명 회 려 환

禪僧道眼搜求裏　萬世雲仍新祐頒
선 승 도 안 수 구 리　만 세 운 잉 신 우 반

251. 상수재 (湘水齋)

상수재는 경기도 양주시 남면 상수리에 있다 남양 홍공을 추모하는 곳이다. 공의 휘는 지(智)요 자는 명철(明哲)이다. 고조의 휘는 융(戎)이요, 중대광판삼사사로 남양부원군이다. 증조의 휘는 주(澍)요, 삼중대광첨의상의 삼사좌사로 남양군이다. 조의 휘는 징(徵)이요, 광정대부 판밀직사사 상호군 당성군이었다. 고의 휘는 상부(尙溥)요 전법좌랑이다. 어머니는 평양조씨로 공을 낳았다. 공은 어려서부터 영민하니 힘써 공부하여 재주를 보였다. 어린 나이에 벼슬에 올라 임진도승이 되었다. 결혼은 개성왕씨 수연대군 규(珪) 댁의 따님과 했다. 얼마 후 임신변역을 당하여 왕씨족들을 죽임으로써 멀리 남해 거제로 귀양 갔다. 사면된 뒤에 사재감직장으로 제수되었으나 응하지 않았고 칩거하여 근심걱정으로 마음이 상해 일찍 돌아가고 말았다. 산소는 상수리 송산 동남쪽 기슭 술좌의 언덕이다. 부인 왕씨 무덤은 공의 무덤 앞에 있다. 일찍이 유명한 중 무학이 북도로부터 와서 상수역 북쪽을 지나다가 묘자리를 점쳤다. 또 한양 동촌에 택지도 점쳤는데, 이 장지는 이른 바 여자가 머리를 풀어헤친 형이므로 자손이 번창할 명당이다. 4남 3녀를 두었으니 하손(賀孫), 경손(敬孫), 효손(孝孫), 제손(悌孫)이요, 사위는 성억(成抑), 이양(李樑), 조휘(曹彙)이다. 또 1녀가 있다는 설이 있으니 즉 왕씨가 귀양길에 상주에 이르러서 여아를 출산하였으나 명령이 급해 부득이 길에 버릴 수밖에 없었다. 읍 사람들이 불쌍히 여겨 젖을 얻어 먹이니 죽지 않았다. 그 후 장성하여 채씨 집안으로 시집갔다고 한다. 가히 천만

다행이로다. 기려 노래하노니,

    상수리 좋은 터는 신의 손으로 잘 깎아 놓았고
    남양 홍씨 좋은 집안 명당 터 산이로다
    높은 봉분 앞에 나무 가꾸니 효성이 지극했고
    큰 붓으로 세긴 비명은 충절로 빛나도다
    나라가 바뀌어 왕씨를 죽이니 멀리 섬으로 귀양갔고
    예로써 불렀으나 받지 않았으니 옛 고려를 그리워함이로다
    선승의 높은 도학의 눈으로 더듬어 찾은 터이니
    만세토록 후손들이 새로운 복을 받으리로다 　　　　　[전]

일돋은 고운 새움
늦서리 못 견디고

볕고을 언덕 너머
새 하늘 품안는데

푸르른 봄날이 오면
예던 길손 찾을가

　　　　　　　벽고 장대열

처음엔 곁뿌리로
나중엔 곧은 뿌리

올뿌리 오늘까지
곁뿌리 이때부터

땅 밑엔 바람도 없다
흔들림도 굳은 듯

    욕천 최장호

밝고도 슬기로워
할 일도 많았는데

아내 손 부여잡고
험 한 길 떠나던 일

아들아 생각해다오
피지 못한 꽃이다

                      노산당 전향아

기나긴 나달 속에
다져진 터전인데

갑자기 생긴 슬픔
서릿발 드세지만

된서리 맞았다하여
고분고분 아니해

    갑고 홍영표

추운 날 손을 모아
달려간 솔뫼 언덕

네 아들 딸도 서넛
오롯이 살게하니

비바람 매우불어도
지는 바위 꽃 안져

서봉 조철식

새해의 첫자락에
찾아온 솔뫼로다

나랏님 사돈되어
머나먼 귀양살이

맑은 물 흘러 흘러서
여섯 온을 흐른다

                안일당 이원희

맵도록 춥던 날씨
오늘은 너무 밝아

한줄기 길게 잡고
내 사람 앞에두니

그 때의 바른 생각을
가슴 안에 새긴다

설전 임준신

재주에 이름까지
여느를 넘어서니

하늘의 시샘인가
못다핀 안타까움

고은이 머리 풀은 터
뒤를 갚아 줌이네

                우인 경우수

때 아닌 된서리에
새순은 망가지고

잎새는 시들어도
뿌리는 굳건하이

바르고 곧은 넋이란
즈믄 해를 지키네

석초 홍오선

맑은 터 물이름 골
섬긴 님 끝없구나

비 글씨 마디마다
붉은 맘 하늘 높다

못잊는 그 때 그 날을
다시오랴 하는가

　　　　　　　가산 임봉훈

온누리 하얀 언덕
찾아온 솔마루라

곧음이 맑음이라
귀양간 땅 끝 마을

물리친 높은 벼슬이
여섯온을 지켰다

　　　　　　삼우당 장선숙

굽혀도 굽히잖는
올곧음 여기있다

보이지 않았어도
뚜렷이 남았구나

살아서 이루지 못한
그 마음이 이거다

　　　　시우 이경희

상수재(湘水齋)에서

두온쉰한 번째 한가락 모임
때 : 4344(2011)년 2월 6일, 일요일, 맑음
곳 : 상수재(湘水齋) - 경기도 양주시 남면 상수리

　겨울의 끝자락에서 앙상한 나뭇가지 사이로 노오란 새싹이 움 트는 것을 상상하며 집을 나섰다. 오늘은 의리와 지조를 목숨 같이 여기며 한 세상을 살다간 분들의 향기를 맡으러 가는 날이다. 방이역에서 일차로 9시에 서봉님과 만나기로 했기에, 방이역으로 시간에 맞춰 나가니, 서봉선생님은 벌써 나와 계셨다. 우리는 나란히 승강장으로 내려가 잠시 후 도착한 방화행 열차를 타고 동대문 역사문화공원 역을 거쳐 혜화동으로 나갔다. 시내는 일요일 오전이라 비교적 한산하다. 혜화역 개찰구를 나와 오른쪽으로 돌아 나가다 김영석씨와 욕천을 만났고, 이어 선생님을 뵈었다. 선생님은 오늘도 짙은 잿빛 두루마기를 단정히 차려 입으시고 한가락의 앞에 서계셨다. 출구로 나가보니 저 앞에 총무 노산당과 전임회장 벽고가 보이고, 갑고님은 오늘 특별히 당신의 선조님을 찾아뵙는 날이라, 아드님을 앞세워 몰고 온 승합차 카니발에 타고 계셨다. 다가가보니 차안에는 설전과 이경희씨가 타고 있었다. 이어 석초, 정산, 고룡이 도착하고 조금 있다 삼우당이 도착하여, 오늘 참석할 회원은 모두 모이게 되어, 총무 노산당이 저 뒤편에 대기하고 있던 버스를 불러내어 오늘의 행선지 양주를 향해 출발했다.
　혜화동 로터리에서는 일요일을 맞아 외국인 근로자들을 위한 장이 서고 있었다. 생각해보면 그야말로 세월의 변화를 실감나게 하는 풍경이다. 100년 전 남미의 농업 이민과 50여 년 전 독일로 간 간호원과 광부를 생각하면 말이다. 이제 우리는 세계 10위권 안팎의 경제 무역 대국에다, 운동 경기에

서도 세계인의 주목을 끄는 큰 선수들이 적지 아니 있으며, 외국을 이웃집 다니듯 하며 활동 하는 사람들이 많이 있으니 말이다. 그래도 사람 사는데 에는 예나 지금이나 문제들이 많다. 어제는 동해안 일대에 폭설이 내려 기상 관측을 실시한 100년 이래 최고의 눈이 내려 쌓인 눈이 100cm가 넘었다고 하고, 작년 11월 이후 발생한 가축병 구제역은 전국적으로 맹위를 떨치며, 묻은 가축이 삼백 몇십만 마리라고 하니, 축산인은 물론 모든 사람들에게 근심을 더하고 있다.

  차는 미아리고개를 넘어 양주를 향해 의정부 쪽으로 머리를 틀었다. 날씨가 차갑기는 하지만 그래도 모처럼 일요일을 맞아 배낭을 메고 산에 가려는 사람들이 여기저기 눈에 띤다. 도봉산을 왼쪽으로 바라보며 의정부를 지나, 11시 조금 지나 덕정 사거리에서 좌회전하여 적성 쪽으로 향했다. 먼 산에 희끗희끗 잔설이 보인다. 상수재는 거기서 그리 멀지 않았다. 10여 분 쯤 달리다 신산리 고개 못 미친 곳에 '남양 홍씨 세장지'라고 큰 자연석에 큰 글씨로 새긴 안내 표석과 커다랗게 양쪽으로 세워진 신도비가 보이는데, 재실은 그 뒤편에 있었고, 공의 묘소는 신도비를 지나 오른쪽으로 꺾어져 들어가 길 왼편에 낮은 언덕이 있는데, 그 중간에 있었다.

  우리는 묘소 입구 조금 떨어진 곳에서 차에서 내렸다. 차에서 내려 묘소 입구 쪽으로 다가가니 입구에는 문중에서 나오신 남양홍문 상수종친회 성봉회장님과 학곡종친회 성구총무님이 먼저 와 계셨다. 우리는 산으로 올라 홍지공의 묘소와 그 아래 배위 개성왕씨 묘소에 배와 묵념으로 예를 올리고, 성봉 회장으로부터 공의 묘를 여기에 쓰게 된 경위와 공이 돌아갔을 때 관상명정을 쓰는 일로 공의 자제들이 공의 유지를 받드는 일과 현실적인 문제, 그리고 문중의 앞날 사정에 대해서 서로 의견이 달라 다툼이 있었다는 일, 그리고 현실적인 문제가 우선하게 되었으며, 이 자리에 모신 이후 홍문이 많이 번성하여 오늘에 이르렀다는 설명을 들었다. 설명을 들은 후 우리는 묘소 앞에서 나란히 서서 기념 촬영을 하고, 오늘의 공부를 위하여 미리 예약해 놓은 식당으로 자리를 옮겼다. 식당은 아직 점심때가 일러서인지 손님들이 많지 않았다.

문중 회장님은 선약이 있어 먼저 자리를 뜨고 총무님은 우리와 함께 공부를 했다. 선생님께서는 오늘도 여러 문헌을 조사 하여 200자 원고지 3매에 찬찬하고 꼼꼼하게 공에 대한 기록을 찬시와 시조를 덧붙여 정갈하게 손으로 직접 써서 자료 준비를 하셨다. 이어 공에 대한 선생님의 강의가 시작되고 선생님이 찬(讚)하신 한시와 시조를 창하는 것으로 오늘 공에 대한 강의는 끝났다. 강의를 마치니 이내 점심시간이 되었다. 우리는 이어 성원씨가 준비한 따끈하고, 내용이 푸짐하고 국물이 진한 갈비탕으로 때맞춘 점심을 맛있게 들고 오늘 공부를 마쳤다.
　점심 후에는 바늘 가는데 실 가듯 차를 마시고, 공에 대한 이런저런 이야기를 하며 자리를 정리 했다. 돌아보면 물론 그 시절과 지금은 단순 비교할 수는 없는 시간적, 신분적 거리와 차이가 있지만 그래도 우리 자신을 돌아보며 생각해 보는 기회를 갖는다는 것이 아무 뜻이 없지는 않을 것이다. 밖으로 나와 일부 회원은 그 이웃에 세워져있던 아침에 타고 온 버스로 올라 서울로 향해 돌아가고, 필자는 갑고님과 그 아드님 성원씨, 서봉님과 문중총무 성주님과 함께 신도비가 세워진 주변을 돌아보았다. 신도비는 가운데 두군데로 나뉘어, 갓을 씌운 검은 오석에 거북좌대 위에 세워져 있고, 둘레에는 울타리석이 둘러쳐져 있다. 그 오른쪽엔 안내석이 여러 길 되는 자연석에 남양홍씨세장지(南陽洪氏世葬地)라 크게 새겨져 세워있고, 그 왼쪽엔 공의 후손인 석벽공(石壁公) 홍춘경(洪春卿)의 낙화암(洛花巖) 시비(詩碑)가 있다. 석벽공은 이조 중기의 문신으로 1522년(중종 17) 사마를 거쳐, 1528년 식년문과에 을과로 급제하여 저작·정자를 지내고, 1536년 문과중시에 장원하여 사성·보덕·집의를 거쳐 예조참의에 올랐으며, 1541년 성절사(聖節使)로 명나라에 다녀왔다. 그뒤 좌승지·한성부우윤·이조참의를 지냈고, 1545년(인종 1) 중종의 지문(誌文)을 짓기도 하였으며, 성품이 강직하여 권세에 굽히지 않았으며, 권세가의 집을 찾은 일이 없었다고 한다. 글씨에 능해 김생체(金生體)를 잘 썼다고 한다.
　다음은 공이 부여 낙화암에 올라 백제가 망하던 때를 회고하며 지은 칠언절구 낙화암 전문이다.

落花巖	낙화암

國破山河異昔時　나라는 깨어지고 산하도 옛날과 다르니
獨留江月幾盈虧　강에 홀로 머문 달은 차고 기울기를 몇 번 했던가
落花巖畔花猶在　낙화암 언덕에 꽃은 아직 피어 있으니
風雨當年不盡吹　비바람 치던 당시에도 모두 날려가지는 않았음이라

 신도비 주변을 돌아보고 우리 일행은 갑고님의 아드님 성원씨가 몰고온 승합차 카니발에 올라 의정부로 나와 새로 난 외곽고속도로를 이용하여 퇴계원, 구리를 거쳐 서울로 돌아왔다. 더군다나 갑고님은 필자가 사는 이웃 동네에 사시는 관계로 거의 집 가까이 까지 태워다 주셔서 뜻밖의 아주 큰 호강을 하게 되었다.
 오늘 탐방은 서울에서 가까워서 서울로 돌아 왔는데도 해가 아직 많이 남아 있었다. 송암님의 시조 한 수를 덧붙인다.

우인 경우수 씀.

긴 나달 모진 바람 가슴속 응어리져
갖가지 꾀임들을 품음직 했건마는
뼈대에 흐르는 핏줄 죽어가도 못 버려

송암　김영석

252. 봉가지(奉哥池)에서

구름에 싸인 연못
벼락이 치는 소리

떠오른 어린아이
나라에 알려져서

한 집안 새로 일으킨
갑비고차 빛이다

최중관

▲ 봉가지(奉哥池)

▲ 봉가지(奉哥池) 앞에서

▲ 하음백묘

▲ 하음백 공부를 하며

252. 奉哥池 (봉가지)

奉哥池在仁川廣域市江華郡河岾面富近里河陰伯誕降之
也河陰伯諱佑河陰奉氏始祖也高麗文孝王睿宗元年三月七
日河陰山下一老嫗汲水於大澤畔望見紫雲從天垂池波聲如
雷俄然石函浮出水面嫗開函中有童男儀形端美奉獻于王王
奇之卷在宮中賜姓名奉佑仁宗朝甲科官至衛尉小卿政堂文
學左僕射封河陰伯也其後六百餘年二十代孫必翼鳩財宗中
重修石像閣疏鑿池立石而記也長井里有奉恩寺墟忠肅王扈
從功臣奉天祐創寺爲祖上報恩處也至今但孤立五層石塔寶
物第十號也新鳳里奉天山頂上有奉天臺亦奉祖之義以祭天
之壇近來烽火臺以轉用云云至今仁川廣域市記念物第十八
號也河陰伯墓在奉天山下長井里後麓緬奉也嗚呼新羅王姓
中昔脫解傳說高麗初坡平尹門始祖說等皆神秘神聖也讚曰

探問麗痕穴口先　一車西走古碑淵

石文奉氏發祥地　水面河陰神聖漣
석 문 봉 씨 발 상 지　수 면 하 음 신 성 련

老嫗撜函童子出　大王授愛高官延
노 구 증 함 동 자 출　대 왕 수 애 고 관 연

昔門說話同模樣　萬姓吾邦稀貴璿
석 문 설 화 동 모 양　만 성 오 방 희 귀 선

252. 봉가지 (奉哥池)

봉가지는 인천광역시 강화군 하점면 부근리에 있다. 하음백이 태어난 곳이다. 하음백의 휘는 우(佑)요 하음봉씨의 시조다. 고려 문효왕 예종(睿宗) 원년 3월 7일에 하음산 아래 사는 노파가 큰 연못가에서 물을 긷는데 멀리 바라보니 붉은 구름이 하늘을 따라 연못으로 떨어지는데, 소리가 우뢰같았다. 별안간 돌 상자가 수면위로 떠올라 노파가 열었더니 사내아이가 있었다. 용모가 단아하고 아름다웠다. 노파가 받들어 왕에게 올렸더니, 왕이 기이하게 여겨 궁중에서 돌보면서 성명을 봉우(奉佑)라 내려 주었다. 인종(仁宗)조에 갑과에 올라 벼슬이 위위소경 정당문학 좌복야였었고 하음백에 봉해졌다. 그 후 600여 년 뒤에 20대 후손 필익(必翼)이 종중의 재산을 모아 석상각을 세웠고 연못을 파내고 돌을 세워 기록해 두었다. 장정리에 봉은사 터가 있는데 충숙왕(忠肅王)을 호위하여 따른 공신 봉천우(奉天佑)가 조상을 위하여 은혜를 갚고자 한 곳이다. 지금은 다만 외로이 5층석탑만 서있고, 보물 제10호로 지정되었다. 신봉리 봉천산 정상에 봉천대가 있으니 조상을 받들어 하늘에 제사지내는 단이다. 근래에는 봉화대로 전하여 쓰이고 있다. 지금은 인천광역시 기념물 제18호이다. 하음백의 산소는 봉천산 밑 장정리 뒷 기슭에 옮겨 모셨다.

오호라! 신라왕 성씨 중에 석탈해라는 전설과, 고려 초에 파평윤씨 시조의 전설 등, 다같이 신비하고 신성스럽도다. 기려 노래하노니,

봉가지(奉哥池)에서

고려의 흔적을 탐문하는데는 강화도가 먼저이니
한 수레 서쪽으로 달리면 옛 비석과 연못이로다
돌에 새긴 글씨는 봉씨의 발상지이고
수면엔 하음의 신성스런 물결이로다
늙은 할미 상자를 건져 올리니 동자가 나오고
대왕에게 드리니 사랑 받아 높은 벼슬에 이르렀도다
석탈해 전설을 똑같이 본떴으니
만가지 성씨 중에 우리나라엔 드물고 귀한 구슬이로다   전

붉으레 서린 구름
새뜻한 얘기 담고

조롱박 함빡둥이
한샘에 떠올라서

받들고 서로 도우며
밝은 하늘 새기다

벽고 장대열

하늘이 내린 아이
온 누리 뒤흔들고

검스런 갑비고차
한 집안 뿌리 되니

새겨 둔 포근한 얼굴
몇 즈믄은 가리라

　　　　　고룡　맹치덕

무지개 고운 빛깔
솟구친 물웅덩이

우렁찬 아이울음
하늘의 알림일까

살면서 이름과 함께
도우면서 받든다

욕천 최장호

미르 못 붉은 구름
돌 상자 할미 품에

벼락에 놀란 소리
아이의 울음인가

임금도 보배로 여겨
씨앗으로 새론 터

                  노산당 전향아

물소리 벼락같아
꽃구름 걷힌 연못

떠오른 아기 받아
나라에 알려지고

받드는 이름과 벼슬
집안 뿌리 심었네

갑고 홍영표

개구리 입 트는 날
물 안이 잠잠하다

돌궤를 열고 나와
물 그늘 머리되니

받든 뫼 위도 아래도
물질 할멈 이야기

서봉 조철식

봄빛이 머문 못가
그 옛날 아이나와

나랏님 이름내려
하높이 쓰임받다

집안도 크게 일으켜
고을까지 빛냈다

안일당 이원희

연못에 상자하나
구름 속 쌓인 돌함

건져서 열고 보니
잘생긴 아이 하나

새로운 집안 일구어
갑비고차 밝힌다

　　　　　설 전　임 준 신

우뢰와 안개 속에
연못 위 솟은 아이

임금은 이름 주고
이웃은 돌봐 키워

나라엔 큰일 세우고
한집 새로 열었네

우인 경우수

못 물에 떠올라서
받들은 겨레 어른

나라에 큰 일 하고
돌얼굴 되어 있어

뫼마루 하늘 받들어
겨레 앞날 끝 없네

　　　　석초 홍오선

섬마을 잊을까봐
그림자 가득한데

무지개 물가 뜨고
물 긷던 할미 보여

임금 곁 내음 맡고서
노래 못에 터잡아

     가산 임봉훈

봄내에 새싹 돋아
싱그런 못가에서

옛날의 임의 얼굴
그리는 한가락들

큰 고을 큰 지킴으로
내리내리 이어져

　　　　　삼우당 장선숙

하늘이 내려 주신
남다른 몸이어라

임금님 지은 이름
이 고을 어딜 가나

보이는 꼭대기에서
절 올리는 사람들

시우 이경희

봉가지(奉哥池)에서

두온쉰두 번째 한가락 모임
때 : 4344(2011)년 3월 6일, 일요일, 맑음
곳 : 봉가지 (奉哥池) - 인천광역시 강화군 부근리

오늘은 경칩이다. 잠자던 개구리도 뛰어 나오며 잠자던 모든 것들이 깨어나는 날이다. 경칩에 맞게 날씨도 포근하니 역사탐방하기에 딱 좋은 맑은 날씨이다. 오늘은 한가락 모임 252회가 되며, 한가락 역사시조 21집이 마무리로 기록되는 중요한 날이다. 회원들 모두 1년을 정리하는 한 마음 한 생각으로 기분좋게 10시에 사당동에 모두 모여 강화로 출발하였다. 중관선생님을 비롯한 갑고, 서봉, 고룡, 욕천, 석초, 설전, 삼우당, 우인, 가산, 벽고는 부인까지 동참했고 송창봉씨와 오외수, 이상칠, 이한국, 김예원, 이경희씨 모처럼 안일당까지 함께 하였으니 필자까지 20명이다. 불행히도 문중과 여러 번 연락을 취하였으나 제대로 연결이 되지 않아서 봉가지라는 탐방장소를 정확히 알고 있는 사람이 없으니 물어물어 찾아가는 수밖에 없었다. 강화도는 가까운 거리라 금방 도착되어 봉가지라는 곳을 물어 찾으려 해도 사람을 만날 수가 없어 애가 타더니, 부근 식당에서 다행이도 우연하게 식사중이신 봉씨문중 분을 만날 수가 있었다. 그분의 안내로 논 속에 있는 용가지 연못을 탐방하였다.

연못은 향토유적 제25호로 지정되었으며 흙으로 1m정도의 둑을 쌓고 시멘트로 곽을 짜놓아 수면으로부터 약 65cm이며 주변엔 겨우 소나무 몇 그루가 심어진 작은 연못이었다. 그러나 그 속에는 상서로운 깊은 역사가 서려있는 중요한 연못이다. 지금은 논밭 속에 있는 관계로 관리가 잘못되어 꼭 쓰레기 소각장처럼 보인다. 지나는 과객은 연못인지도 모르고 지나칠 것처럼 밋밋하다. 연못에 관한 전설에는 할머니가 물 길러 나갔다가

붉은 구름에 싸여있는 돌 상자를 발견하여 열었더니 우뢰소리가 하늘을 깨뜨릴 듯이 울리면서 빛이 눈부시게 비추어져 황홀하더니 붉은 구름을 헤치고 잘생긴 옥동자가 나왔다. 이에 할머니는 신비하게 여겨 임금님께 올렸더니, 임금님께서 할머니가 받들어 올렸다 해서, '받들 봉'자로 봉씨 성을 내리셔서 하음봉씨의 시조가 되었단다.

연못에서 가까운 5분거리에 잘 다듬어진 산소와 산소 뒤의 잘생긴 소나무는 문중의 번창함을 책임지고 있는 듯이 도도하게 병풍처럼 산소를 보호하고 있으며, 산소 앞 비각에는 돌로 깎아 시조의 석상을 만들었고, 정성스레 받들고 계시는 후손들이건만 어찌 그리 연락이 안 되었을까 안타까우며, 또한 궁금하다. 우리는 공부할 곳이 마땅치 않아 마침 점심시간이기에 식당을 빌려서 공부하였다. 강의를 들을수록 재미있는 내용에 시간 가는 줄 모르며 토론이 이어졌다.

일정을 마치고 서울 길에 아쉬움을 달래려 들러 볼 곳을 찾았으나 마땅치가 않아 인삼 시장에 들렀다가 사당에 도착했다.

노산당 전향아 씀.

◆ 부록

歷史探訪講論資料

차례	곳	고을	사람	어떤 이
241	永慕齋	충북 청원	金永煦	고려말 충신
242	上黨祠	충북 청주	郭樞	고려말 절신
243	都摠制公墓	경기 의정부	朴德公	〃
244	永慕齋	전북 군산	蔡玉澤	〃
245	永雲齋	전북 정읍	宋郊	고려말 충신
246	趙琴隱公墓	경남 함안	趙悅	고려말 절신
247	東岡公墓	강원 원주	李隣	〃
248	松菴公墓	충남 아산	金秩	〃
249	學堂齋	충남 연기	金成牧・金休	〃
250	李舍人公壇	전북 익산	李蒔	〃
251	湘水齋	경기 양주	洪智	〃
252	奉哥池	인천 강화	奉佑	고려 충신

永慕齋
　永慕齋在忠淸北道淸原郡梧倉邑慕亭里金貞
簡公追慕處也公諱永煦號筠軒安東人祖諱方慶
三韓壁上推忠靖難定遠功臣匡靖大夫三重大匡
都僉議中贊上將軍上洛郡開國公諡忠烈考諱恂
重大匡判三司事上洛君諡文英妣齊平郡夫人陽
川許氏文敬公洪女以生公幼而穎異天性嚴毅沈
重登科後爲持平歷三司右尹以忠惠王侍從一等
功爲推誠保節同德翊贊功臣後王被執于元百官
皆走匿公獨衛王中薨忠穆王卽位拜贊成事以右

政丞爲左政丞恭愍王元年封福昌府院君諫輟整
都監之罷後稱病退仕以謝恩使歸於元封上洛侯
親舊貧匱乏無不調給或謂公曰盡爲諸孫求官公
曰子孫果賢國家自用之苟不賢雖得之可保乎恭
愍王十年辛丑五月十二日辛亥午七十也墓失傳
奉設壇也孫士廉及絿麗末節臣一門雙節哉讚曰
　己越淸明花信徵　烺城陽地一車騑
　連翹馥岸高壇肅　瓦屋唅正齋閣巍
　親祖大功靑史燦　愛孫狷節丹誠頎
　盡心諸事成師表　羅代千年二胤威

上黨祠

上黨祠在忠淸北道淸州市上黨區明巖洞郭文良公追慕處也公諱極號秋巖又仰天齋淸州人高祖諱預知密直司事曾祖諱雲龍禮部正郞祖諱延俊典法判書淸原君考諱琛門下平章事妣淸州鄭氏版圖判書怡女以忠肅王復位七年戊寅生公於淸州楸洞自幼有大度及長廉淨寡欲喜怒不形望重風著與鄭圃隱同學年少一歲道義是密恭愍王九年庚子以國子進士同科因居松京踐歷臺省以淸直著揚于王庭壬寅同圃隱選入翰林院冬十二月辭官歸鄕圃隱惜別詩曰手操褒誅筆高節不可折白日煬不輝陰雲擁無缺何時春風場會合無離別倂駕同長途胸中共君說十年屛跡林泉若將終身恭愍王二十三年甲寅爲中顯大夫藝文館直提學翌年加中顯大夫密直司右代言藝文閣提學知製敎知軍簿事同知書筵事驪興王四年戊午遷奉翊大夫簽書密直司事翌翌年錄端誠輔理功臣加三重大匡封上黨君常志在致澤憂國如家而一念憂虞不忘君國然國事日非知其事無可爲則見機快退浩然歸山驪興王十四年戊辰威化島回軍後

也五年後四月起善竹橋悲事則仰天大痛曰天乎
天乎我將安歸乎與諸賢會盟同隱新朝屢徵終不
起隱于長端川橋以新朝十四年乙酉七月七日
卒享年六十八也葬于長端草芝谷配安東權氏典
工判書儀女一男均麗朝少卿繼志自靖後配驪興
閔氏樓閣堂㤯女三男㵢輝煇又有女堉三也讚曰

　欲問親交若水魚　娘城疾走探知車
　楣名上黨高祠特　神道碑銘大節書
　與圃同科僚翰苑　棄官惜別吟堪興
　竹橋悲事號天痛　安去長嘆爲獨雎

　　　都摠制公墓
都摠制公墓在京畿道議政府市自逸洞竹山朴
公諱摠公幽宅也高祖諱煇典法判書曾祖諱宜之
大僕卿祖諱時滋戶部尚書考諱守謙吏部尚書延
興君妣慶州金氏典校令承策女以生公自幼英敏
文武精備進官至資憲大夫都摠制及麗末國事日
非知將亂棄官退隱于楊州光陵山中箪瓢自樂行
義自高壬申變易後屢有弓旌之招矢心罔僕終不
應命自謂亡國孤臣不可以官爵稱逐草衣野服
晦迹樵牧未嘗出一步於洞壑之外竟卒山中葬于

楊州松山金谷辰坐望松京之穴今現位置也新朝
四十七年戊午立碣麗制也配羅州縣夫人錦城吳
民代言仲卿女有二男坤塔也嗚呼公之大節似再
從叔松菴門壽之節哉入山不出今勿替之琴哉晦
迹樵牧今被髮攜琴哉墓穴望松今雲仍報本之至
誠哉諸墓儀欲從舊制今守有數高門正統哉讚曰

　往昔狄年輒起虞　　一車探問楊州驅
　洞名自逸古墳特　　麗制殘痕新石敷
　棄仕遠韜塵事絶　　拒徵深入樵望煙
　松京坐向明堅節　　崇祖丹誠後裔媒

　　　永慕齋

　永慕齋在全羅北道群山市聖山面大明里蔡領
護軍追慕處也公諱王澤平康人高祖諱謨中書侍
郎平章事曾祖諱宗璘僉議政丞祖諱文紹典法判
書考諱陽生杆城王時文科禮曹參議軍器少監及
王申變易禮成江上携家率南遷自以爲卿相家義
重罔僕也時公永神虎衛保勝護軍上將軍或云領
護軍汝與諸賢入杜門洞從父志隨行同歸臨陂上
北面香林佛舎隱遁改名王澤取不忘王民之澤之
義也新朝禮徵終不應每朔望北望松京痛哭不已

歟世而卒葬于香林山麒麟峰下戌坐辰向有墓碣
文人石矣配丹陽禹氏又礪山宋氏有一男孝順也
嗚呼一門雙節兮蔡門之禎哉子以從父志兮忠孝
之元哉望松痛哭兮丹心之無窮哉禮徵不起兮罔
僕之堅哉乘船遠遯兮萬古忠節哉義氣烈烈兮大
儒之師表哉以玉改王兮爲麗猾心哉唯一哉讚曰
　水國群山名所齊　麒麟峰下一齋嵥
　高楹瓦屋廣庭坐　大節讚文烏石棲
　南遯乘船隨父志　北望痛哭戀松鄭
　蔡門忠孝甚稀貴　萬世逢逢師表聲

　　　永雲齋
永雲齋在全羅北道井邑市山內面梅竹里宋睡
雲公追慕處此公諱郊礪山人高祖諱希積三宰公
知門下省事曾祖諱松禮門下侍中推誠翼戴輔理
同德佐命功臣礪良府院君諡貞烈祖諱玢中贊樂
浪府院君諡良毅考諱璘正憲大夫簽直司知申事
國子監大司成妣淡川李氏贊成德裕女以忠烈王
三十年甲辰生公自幼穎異力修學德以忠孝爲庭
訓忠肅王復位五年丙子登科官至中正大夫典醫
令經紅巾賊辛旽政亂見國將危棄官南遯構舍於

古阜泰仁三間雲住山下松欄石室對雲以睡自號
睡雲社門絕世事以終時驪興王九年癸亥也享年
八十墓失傳築壇於遺墟而奉祭配平康蔡氏政丞
宗麟女育一男典書公禧也嗚呼見機南遯今色斯
舉矣哉棄官杜門今胡不移東哉國事日非今虹上
屬天哉雲住山人今雲心月性及麗末睡仙哉讚曰

　井邑山川處處佳　葛潭梅竹一高齋
　永雲楣板飛龍筆　礪宗壇墟崇祖崖
　亂政棄官同弊屣　遠鄉韜跡銷悲懷
　茅檐松檻睡仙臥　麗末清風先導闢

　　　　趙琴隱公墓

趙琴隱公墓在慶尚南道咸安郡郡北面院北里
公諱悅咸安人高祖諱烈匡靖大夫政堂文學曾祖
諱禧密直使三司左尹祖諱之興文科鷄林府參軍
考諱天啓奉翊大夫版圖判書妣昌原黃氏司憲糾
正君頎女以生公力學登科恭愍朝官至工曹典書
善琴晝月夜彈琴聲響數里杆城王三年公上疏曰
侍中李其父子留陣原州名雖討賊意在伐君速收
其兵以保國祚然知不忍勇斷遂棄官歸鄉翌年壬
申七月慶王封君處原州復移杆城公與諸賢從王

去杆城探王候焉新朝以工曹典書屢徵終不應與
進士李午堂以竹杖芒鞋相往來以傷時唁于洪睍
隱之雲衢以悲歌哀詠而歸新朝三年甲戌設漢陽
宮落成宴作手札送轎請公乃麤布芒鞋入宮庭彼
曰曾於松岳君琴我岳今為故人彈琴如何公曰今
日漢陽非松岳李侍中稱王而主上抱冤於杆城老
夫雖不忠世食王氏祿豈可與李王同樂乎黃喜權
近諫曰趙典書之節不可屈不如敬而歸之是歲弒
杆城王公與諸賢收尸葬之服喪三年其後己卯年
新朝招札荐至不得已至昌德宮彼曰望須奉父王
御真公曰可畫前日李侍中不畫今日李上王奪其
位弒其君王氏之逆萬民之讐豈可從此命乎因囚
獄七日不食以死決之後放送以歸嘗公與李芳隱
洪睍隱金卅卯四人之盡簪詩曰絶簪園裡數叢花
潤色山村寂寞家入室更看樽有酒宴情從此薄於
紗配昆陽田氏平山蔣氏有四男彝寧桓安妣讚曰

　　侯待知音胸襄灰　　咸安院北一墳荒
　　雄姿諸庾古規守　　大節崇碑新筆鎚
　　月夜彈琴同志喚　　匡顏善畫稱王迴
　　盡簪餘韻錚錚響　　早出漢陽千里催

東岡公墓

東岡公墓在江原道原州市好楮面山峴里松老洞艮坐之原 公諱璘原州李氏高祖諱公亮國子進士隱德不仕曾祖諱仁庇版圖摠郞祖諱希伯南部副令考諱祿生判衛尉寺事以生公自幼穎敏力學登科官至中正大夫宗簿寺令堅持綱常斥邪扶正爲己任焉恭愍朝與成石璘討晬旽旨見逐國事日非不已嘆息當鼎革之日守不事二君之節歸卧原州新朝屢徵屢歷軒冕終不應竹杖芒鞋逸氣騰騰平生雅操與元耘谷一世齊名卽設巖壇於雉岳之巓奉變祀革祀與諸賢同參焉節如蘗氷也配昌原黃氏原慶女墓祔有一男載寧縣令邦珍也嗚呼公之見逐今百濟佐平仲常之也彼直我哉歸卧原州今崔孤雲之臺榭松竹哉新朝屢徵終不應今新羅朴堤上之鷄林之臣哉平生雅操與元耘谷一世齊名今新羅包山隱居二聖師之機成之交也哉讚曰

雉岳古今義且眞　原城丘上一墳椛
水龍艮坐明堂穴　堅節大書深筆珉
極諫當摧忠烈士　禮徵終拒殉貞臣
耘松同志三聚合　麗末風聲此地諄

松菴公墓

松菴公墓在 忠淸南道牙山市道高面道山里漁浪村後山酉坐原公諱秩字國祥金寧人高祖諱克稅門下侍郎曾祖諱重源吏部尙書祖諱貴甲密直副使考諱挺申工曹典書妣生公恭愍王十三甲辰年也自幼穎哲力學登科官至小府少監爲君盡誠國事日非其苦嘆息及壬申變易新朝以舊誼冊錄開國原從勳封金寧君皆不受遠遯于新昌漁浪谷築茅屋杜門絶世事守不事二君之節後屢徵以禮曹判書亦終不起自號松菴作回文詩曰松塢鬱菴
蒐以松松風愛聽撫孤松松友人今人友松松知我也我知松云如此以詩書自娛而終也時新朝六十三年甲戌享年九十一也配密陽朴氏祔左有一男益生中樞副使童年至孝旌其閭黃龍村贈句曰父忠子孝海東傳云嗚呼松菴之節與子之孝以爲庭訓卽忠孝成家周而代代遺傳於金寧金門也讚曰

　牙述山川霜漢文　楓林曉塢一高墳
　曲墻穹屋石人偉　烏碣大書忠節焄
　變易落鄕淸操烈　禮徵不答狷心炘
　松菴自號傳庭訓　孝義金門萬古薰

學堂齋

學堂齋在忠淸南道燕岐郡全東面美谷里金典書公學堂公父子節臣追慕處也典書公諱成牧安東人高祖諱方慶高麗都元帥上洛君諡忠烈曾祖諱愃典法判書祖諱承用寶文閣大提學考諱玖監察司掌令以生公自幼穎敏以忠孝爲庭訓力學登科恭愍朝官至工部典書爲君國盡力及麗末國事日非國運將訖與判書成萬庸評理卞贊大司成李穡博士鄭夢周典書趙悅慨嘆垂泣把酒論懷而言曰如殷末三仁各隨意而散行若何乎公遂決意歸

田至雲住山西麓深谷築茅屋杜門絶世事以詩書自娛而終也配興陽趙民掌令文祐女墓在所居後山曉鳴合窆也學堂公諱休字鍊夫號學堂嘗修學於圃隱門下與崔瀁同門登科歷檢校近侍恭愍朝司諫當麗末避革命勢力無復有志於仕進而解紱退于松嶽山講學所與知仁州事金承露處士崔浩掌令徐甄同門諸賢探究墳典以爲樂及壬申變易痛哭後出南門遠邀于父之處雲住山美谷也其後新朝徵授護軍不進又再拜漢城左尹亦不應皆託以事老親之故然實守不事二君之節哉公性唯狷

直而不聞人惡以信交友指導後進一心不倦遠近
冠童來往不絶不問寒暑不斷經聲山谷響動草木
傾耳云由是也今胡名別爲學堂也嘗全義形勝詩
曰三峯簪秀圍平野二水奔流繞故城配善山金氏
墓在典書公幽宅同原階下合窆也嗚呼父子雙節
今況那素那哉入牧圃門下今升堂觀奧也哉讚曰

　雲住山人貞義元　　學堂焗焗二高墻
　典書父子萬年宅　　司諫孝忠千尺琨
　麗末興賢垂淚息　　鮮初逆命事親奪
　一家雙節何多有　　甲族安金百世馨

李舍人公壇

　舍人公壇在全羅北道益山市熊浦面笠店里公
諱蔣慶州人高祖諱升高曾祖諱得堅尚衣局直長
祖諱禰尚書左僕射考諱世基檢校政丞大提學以
生公第四男而益齋從弟也自幼穎才力學不倦登
科後官爲門下舍人以德業文章可被澤於生民又
瀟灑皇猷前途有望當權奸之憎忌流江華島移配
平北郭山及壬申變易赦後避諸誘惑携第二男虔
中遠避于甘勿阿之咸羅山下笠店洞守不事二君
之義晩年移居臨陂築書室南山下以文史自娛而

終焉衣履之葬歲久莫徵設壇於咸羅山下薦以享
祀又有壇碑海東首陽碑之二碑深銘大節用盡美
墻之孝也嗚呼錦繡文章瑚璉之器中途挫折倘有
天績忌乎國運否塞今嘆息不已也輓跡咸羅間償
之志今堅於鐵石也後孫至誠擇墟樹墠今以介景
福也四時焚香遠近參拜今振鷲飛西雖也哉讚曰

特序季冬小大寒　　　　貫風鞭馬一高壇
舍人遠遯隱居址　　　　堅節深銘追慕玕
僻地流刑才挫塞　　　　狄年鼎革身韜蟠
國朝百六何如斤　　　　此處他天倘口雛

　　　湘水齋

湘水齋在京畿道楊州市南面湘水里南陽洪公
追慕處也公諱智字明哲高祖諱戎重大匡判三司
事南陽府院君曾祖諱澍三重大匡僉議商議三司
左使南陽君祖諱徵匡靖大夫判密直司事上護軍
唐城君考諱尚溥典法佐郎妣平壤趙氏以生公自
幼穎敏力學顯才早年登仕臨津護丞傳雁開城王
氏壽近大君琚家儀而當壬申變易以前王族遠流
南海巨濟敎後除司宰監直長不應蟄居以憂傷早
終也墓在湘水里松山東南麓戌坐之原配王氏祔

階下也嘗有名僧無學自北道來過湘水驛北占葬
地又於漢陽東村占宅地此葬地所謂玉女散髮形
以子孫繁昌之明堂也育四男三女賀孫敬孫孝孫
悌孫成柳李樑曺棠又有一女之說卽王氏竈中行
到尙川産女兒以令方急不得不留棄邑人憐而乳
之得不死厥後長成嫁蔡氏門也可謂萬幸哉贊曰
　湘水里墟神手冊　南洪閥族明堂山
　高墳封樹孝誠極　大筆碑銘忠節爛
　鼎革剪玉流遠島　禮徵逆命懷霓裳
　禪僧道眼搜求裹　萬世雲仍新祜頌

　　奉哥池
　奉哥池在仁川廣域市江華郡河岾面富近里河
陰伯誕降之也河陰伯諱佑河陰奉氏始祖也高麗
文孝王睿宗元年三月七日河陰山下一老嫗汲水
於大澤畔望見紫雲從天垂池波聲如雷俄然石函
浮出水面嫗開函中有童男儀形端美奉獻于王王
奇之養在宮中賜姓名奉佑仁宗朝甲科官至衛尉
少卿政堂文學左僕射封河陰伯也其後六百餘年
二十代孫必翼鳩財宗中重修石像閣疏鑿池立石
而記也長井里有奉恩寺墟忠肅王扈從功臣奉天

祐創寺爲祖上報恩處也至今但孤立五層石塔寶
物第十號也新鳳里奉天山頂上有奉天臺亦奉祖
之義以祭天之壇近來烽火臺以轉用云云至今仁
川廣域市記念物第十八號也河陰伯墓在奉天山
下長井里後鷲緬奉也嗚呼新羅王姓中昔脫解傳
說高麗初坆平尹門始祖說等皆神祕神聖也讚曰

探問麗痕穴口先　一車西走古碑淵
石文奉氏發祥地　水面河陰神聖連
老嫗橙函童子出　大王後裔高官延
昔門說話同模樣　萬姓吾邦稀貴瑢

한가락 찾아간 차례

역사탐방 252회
4323. 4. 29 ~ 4344. 3. 6

한가락 모임

한가락 모임

▶ 시 작

중관 최권흥 선생님으로부터 한문공부를 하던 사람들이, 어느 날 모여서 한문공부의 목표를 이야기하던 중, 한문공부는 우리의 과거사를 알기 위해서이고, 우리의 과거를 바르게 알지 못하고서는 남의 앞에 서는 지도자가 될 수 없고, 지도자란 바로 우리의 옛 선비 정신을 갖추어야 되는데, 바로 그 옛 선비의 멋 중에는 시조라는 풍류가 있다는 것을 알게 되었다.

벽고, 고룡, 옥천, 노산당 등 12명이 뜻을 모아 따로 한문공부를 계속하여 우리의 역사를 올바르게 알며, 또 시조공부를 통해 선비로서의 멋까지도 아울러서 남을 이끄는 지도자로서의 소양도 길러보고자 역사의 현장 즉, 우리 역사 속에서 남달리 훌륭한 지도자적 삶을 살다간 분들의 유적지를 찾아가 그 정신을 시조로 읊어보고자 했다.

1990년 4월 29일, 중관 선생님을 모시고 경기도 포천군 신북면 고일리 왕방산 밑에 있는 고려말 절의충신 성여완 이헌 묘를 찾아가 시조를 읊고, 모임의 이름을 '한가락'이라 선생님께서 붙여주셨다.

▶ 활 동

주례활동 – 매주 목요일 19시~21시, 역사공부, 시조공부.
월례활동 – 매월 첫 일요일, 역사탐방을 통해 현장에서의 역사공부와 시조 지어 읊기로 시조의 원형 되살리기.
연례활동 – 매년 4월 29일, 시조집 발간 출판기념회 및 연구발표.
  * 현재 역사탐방 252회로 한가락 시조집 1~21집과 기타 연구집 24권을 출간함.

차례	곳	사 람	어떤 이	고 을	날 짜	한가락
1	怡軒墓	成汝完	고려말 절신	경기 포천	4323. 4. 29	제1권
2	金水亭	楊士彦	조선조 선비	경기 포천	5. 27	〃
3	洗心亭	趙昱	〃	경기 양평	6. 24	〃
4	寶山亭	朴禎	고려말 절신	경기 양평	7. 22	〃
5	聽松墓	成守琛	조선조 선비	경기 파주	9. 9	〃
6	壯節公墓	申崇謙	고려 개국공신	강원 춘천	10. 14	〃
7	耘谷墓	元天錫	고려말 절신	강원 원주	11. 11	〃
8	牧隱墓	李穡	〃	충남 서천	12. 9	〃
9	觀瀾亭	元昊	조선조 생육신	충북 제천	4324. 1. 3	〃
10	採薇亭	吉再	고려말 절신	경북 구미	2. 3	〃
11	氷玉亭	金令貽	고려말 충신	충북 영동	3. 17	〃
12	邀僊亭	楊士彦	조선조 선비	강원 영월	4. 1	제2권
13	避世亭	趙紳	고려말 절신	충북 괴산	5. 26	〃
14	紫薇亭	李午	〃	경남 함안	6. 30	〃
15	東皐亭	李英吉	조선조 선비	충북 청원	7. 28	〃
16	月巖亭	金澍	고려말 절신	경북 선산	8. 25	〃
17	獨守亭	全新民	〃	전남 담양	9. 8	〃
18	返舊亭	權定	〃	경북 영주	10. 6	〃
19	永思亭	劉懽	〃	경남 거창	11. 10	〃
20	花樹亭	具鴻	〃	대구 북구	12. 1	〃
21	隅谷亭	鄭溫	〃	경남 진주	4325. 1. 11	〃
22	敎授亭	趙承肅	〃	경남 함양	2. 9	〃
23	陟西亭	洪魯	고려말 충신	경북 군위	3. 8	〃

차례	곳	사람	어떤이	고을	날짜	한가락
24	洗心亭	南知言	조선조 선비	충북 영동	4325. 4. 12	제3권
25	南下亭	金佇	고려말 충신	경북 예천	5. 5	〃
26	永慕亭	愼義連	조선조 효자	전북 진안	6. 14	〃
27	醉石亭	金景憙	조선조 선비	전북 고창	7. 5	〃
28	梅鶴亭	黃耆老	〃	경북 선산	8. 24	〃
29	梅菊亭	李兆年	고려말 선비	경북 고령	9. 20	〃
30	越松亭	李行	고려말 충신	경북 울진	10.3~4	〃
31	草澗亭	權文海	조선조 선비	경북 예천	11. 1	〃
32	臥仙亭	太白五賢	〃	경북 봉화	12. 6	〃
33	洗川亭	吳國華	고려말 절신	경북 의성	4326. 1. 10	〃
34	三詠亭	柳漢禎	조선조 선비	경북 군위	2. 7	〃
35	如此亭	張鼻	〃	경북 구미	3. 7	〃
36	天雲亭	李萬敷	〃	경북 상주	4. 18	제4권
37	丹丘館	金後	고려말 절신	경남 산청	5. 16	〃
38	詠歸亭	金光粹	조선조 선비	경북 의성	6. 13	〃
39	江昌閣	全文軾	고려말 절신	전북 진안	7. 4	〃
40	萬景亭	尹師晳	조선조 선비	충북 청원	8. 22	〃
41	松谷祠	柳方澤	고려말 절신	충남 서산	9. 19	〃
42	睡仙亭	宋眞儒	조선조 선비	전북 진안	10. 17	〃
43	望京樓	閔安富	고려말 절신	경남 산청	11. 7	〃
44	魯岡齋	柳藩	〃	경남 합천	12. 5	〃
45	龍浦齋	申祐	〃	경북 의성	4327. 1. 9	〃
46	種善亭	琴應石	조선조 선비	경북 봉화	2. 6	〃

차례	곳	사 람	어떤 이	고 을	날 짜	한가락
47	景德齋	姜淮仲	고려말 절신	경기 고양	4327. 3. 6	제4권
48	歸來亭	申末舟	조선조 선비	전북 순창	4. 10	제5권
49	瑞雲齋	全五倫	고려말 절신	강원 정선	5. 8	〃
50	枯松亭	金忠柱	조선조 선비	경기 시흥	6. 12	〃
51	景杜齋	金沖漢	고려말 절신	전북 남원	7. 3	〃
52	居然亭	全時敍	조선조 선비	경남 함양	8. 21	〃
53	永慕齋	金士廉	고려말 절신	충북 청원	9. 11	〃
54	德川齋	柳興龍	조선조 선비	충북 청원	10. 16	〃
55	尋源亭	鄭芝榮	〃	경남 함양	11. 6	〃
56	大承齋	崔瀁	고려말 절신	전북 완주	12. 4	〃
57	高德齋	李養中	〃	경기 광주	4328. 1. 15	〃
58	醉睡亭	金可行	〃	경남 거창	2. 5	〃
59	基洞書院	李瓊	〃	경남 거창	3. 5	〃
60	建溪亭	章大莊	〃	경남 거창	4. 2	제6권
61	成仁堂	朴可權	〃	경북 성주	5. 7	〃
62	永慕齋	玄玉亮	〃	경북 예천	6. 4	〃
63	靖慕齋	金五行	〃	전북 고창	7. 2	〃
64	慕松齋	崔淸	〃	경기 양주	8. 20	〃
65	五柳書社	朴愈	〃	충남 예산	9. 17	〃
66	崇德齋	晉于蘭	〃	전북 남원	10. 1	〃
67	敬慕齋	李攀桂	〃	강원 횡성	11. 5	〃
68	三松齋	朴宜中	〃	전북 김제	12. 3	〃
69	漁隱齋	卜渭龍	고려말 절신	충남 홍성	4329. 1. 7	〃

차례	곳	사람	어떤 이	고 을	날 짜	한가락
70	崇慕齋	殷莘尹	고려말 절신	경기 용인	4329. 2. 4	제6권
71	繼敬齋	金世英	〃	전북 부안	3. 3	〃
72	孝思齋	裵尙志	〃	경북 안동	4. 7	제7권
73	時思齋	晉如蘭	〃	전북 남원	5. 5	〃
74	聚遠亭	全 淑	〃	충북 옥천	6. 2	〃
75	景義齋	沈元符	〃	경북 청송	7. 7	〃
76	駒城齋	李中仁	〃	경기 용인	8. 18	〃
77	桑村齋	金自粹	〃	경기 광주	9. 8	〃
78	慕先亭	朴 翊	〃	경남 밀양	10. 6	〃
79	淸襟亭	李 致	〃	경남 합천	11. 3	〃
80	望慕齋	田貴生	〃	충남 홍성	12. 1	〃
81	隨日齋	金 濟	〃	경북 상주	4330. 1. 5	〃
82	景慕齋	玉斯溫	〃	경남 의령	2. 2	〃
83	退隱亭	李 薿	〃	경북 영주	3. 2	〃
84	舞雩亭	蔡貴河	〃	경북 상주	4. 6	제8권
85	龍湖齋	范世東	〃	광주 북구	5. 4	〃
86	墨井書院	申德隣	〃	충북 청원	6. 1	〃
87	永慕亭	林 卓	〃	전남 나주	7. 6	〃
88	岐谷亭	林蘭秀	〃	충남 연기	8. 17	〃
89	聽之亭	鄭 熙	〃	광주 서구	9. 7	〃
90	景忠齋	都 膺	〃	충남 예산	9. 28	〃
91	白松齋	安 俊	〃	경북 예천	11. 2	〃
92	崇義齋	白 莊	고려말 절신	전북 장수	12. 7	〃

차례	곳	사 람	어떤 이	고 을	날 짜	한가락
93	日新齋	盧俊恭	고려말 절신	광주 북구	4331. 1. 4	제8권
94	扶陽齋	金居翼	〃	충남 부여	2. 1	〃
95	麗日齋	孔 億	〃	전남 여수	3. 1	〃
96	風浴樓	成 溥	〃	전북 고창	4. 12	제9권
97	鶴陰齋	曺繼芳	〃	경남 창녕	5. 10	〃
98	永慕齋	程 廣	〃	광주 서구	6. 14	〃
99	常山齋	宋匡輔	〃	충북 진천	7. 5	〃
100	開雲齋	金先致	〃	경북 상주	8. 23	〃
101	齋洞書院	宋 侃	단종 충신	전남 고흥	9. 6	〃
102	懿德祠	車原頵	고려말 절신	경기 평택	10. 11	〃
103	瞻慕齋	金九鼎	〃	경북 상주	11. 1	〃
104	直山齋	林 鷟	〃	경북 예천	12. 6	〃
105	松月祠	林先味	〃	전남 화순	4332. 1. 10	〃
106	松塢墓	金承露	〃	충남 연기	2. 7	〃
107	麗窩墓	徐 甄	〃	경기 의왕	3. 7	〃
108	道淵書院	許 麒	〃	경남 고성	4. 11	제10권
109	務安齋	兪 蔵	〃	경기 양주	5. 2	〃
110	崇義齋	張輔之	〃	경북 의성	6. 13	〃
111	月峴祠	朴 忱	〃	전남 영광	7. 4	〃
112	南谷齋	李釋之	〃	경기 용인	8. 22	〃
113	岾南齋	趙 瑛	〃	전북 순창	9. 12	〃
114	謙川書院	趙 瑜	〃	전남 순천	10. 3	〃
115	華巖書院	白仁寬	고려말 절신	대구 북구	11. 14	〃

차례	곳	사람	어떤 이	고을	날 짜	한가락
116	享保齋	梁 祐	고려말 절신	전북 남원	4332. 12. 5	제10권
117	淸溪書院	鄭天益	고려 충신	경남 진주	4333. 1. 9	〃
118	錦南齋	吳尙德	고려말 절신	전북 남원	2. 13	〃
119	大興君墓	李連桂	〃	경북 의성	3. 5	〃
120	塹星壇	檀 君	개국 시조	인천 강화	4. 2	제11권
121	忠孝齋	李義碩	단종 충신	충북 청원	5. 7	〃
122	松軒墓	薛 馮	고려말 절신	경기 용인	6. 4	〃
123	慕先齋	金允南	〃	경기 파주	7. 2	〃
124	白頭山	桓 雄	개천 상조	함경도	8.4~6	〃
125	心源亭	全春源	조선조 선비	경남 거창	9. 3	〃
126	汾水齋	尹 瓘	고려 장군	경기 파주	10. 1	〃
127	山泉齋	李思敬	고려말 절신	경북 김천	11. 5	〃
128	慕先齋	元 宣	〃	경기 의정부	12. 3	〃
129	斗山齋	許有全	고려 충신	인천 강화	4334. 1. 7	〃
130	忠慕齋	南乙珍	고려말 절신	경기 양주	2. 4	〃
131	花園齋	石汝明	〃	충북 충주	3. 4	〃
132	石圃齋	金 路	〃	경기 여주	4. 1	제12권
133	松菴亭	朴門壽	〃	전북 남원	5. 6	〃
134	四可齋	李奎報	고려 선비	인천 강화	6. 3	〃
135	金笠墓	金炳淵	조선조 선비	강원 영월	7. 1	〃
136	南昌齋	孫孝貞	고려말 절신	충남 논산	8. 5	〃
137	永慕齋	徐 閈	고려 선비	충남 예산	9. 2	〃
138	延華祠	李元發	고려말 절신	경기 용인	10. 7	〃

한가락 찾아간 차례 257

차례	곳	사 람	어떤 이	고 을	날 짜	한가락
139	履露齋	孫策	고려말 절신	전남 보성	4334. 11. 4	제12권
140	忠壯祠	南以興	조선조 장군	충남 당진	12. 2	〃
141	重先齋	宋寅	고려말 절신	전남 고흥	4335. 1. 6	〃
142	永思閣	羅繼從	〃	전남 나주	2. 3	〃
143	栗里祠	申淇	〃	충남 서천	3. 3	〃
144	永思齋	李棹	고려 개국공신	충남 연기	4. 7	제13권
145	時調碑	李義碩	단종 충신	충북 청원	5. 4	〃
146	鳳岡齋	尹莘達	고려 개국공신	경북 포항	5. 5	〃
147	春福齋	孫兢訓	〃	경남 밀양	6. 2	〃
148	太師祠	卜智謙	〃	충남 당진	7. 7	〃
149	歲一齋	韓蘭	〃	충북 청원	8. 4	〃
150	德星堂	崔知夢	〃	전남 영암	9. 1	〃
151	武烈公墓	裵玄慶	〃	경북 칠곡	10. 6	〃
152	寒泉書院	全以甲 全義甲	〃	경북 달성	11. 3	〃
153	彌石齋	金宣弓	〃	경북 구미	12. 1	〃
154	敬思齋	柳車達	〃	광주 광산구	4336. 1. 6	〃
155	豊壤齋	趙孟	〃	경기 남양주	2. 9	〃
156	太師墓	庾黔弼	〃	충남 부여	3. 2	〃
157	遠慕壇	朴英規	〃	충북 청주	4. 6	제14권
158	陵洞齋	權幸	〃	경북 안동	5. 4	〃
159	松林齋	成思齊	고려말 절신	경남 창녕	6. 1	〃
160	崇惠齋	金萱述	고려 개국공신	경북 구미	7. 6	〃

차례	곳	사 람	어떤 이	고 을	날 짜	한가락
161	杜菴墓	全 貴	고려말 충신	강원 정선	4336. 8. 3	제14권
162	城谷齋	張貞弼	고려 개국공신	경북 안동	9. 7	〃
163	追遠齋	邉安烈	고려말 충신	경기 남양주	10. 5	〃
164	崇祖壇	李堅雄	고려 개국공신	충남 천안	11. 2	〃
165	台庄齋	金宣平	〃	경북 안동	12. 7	〃
166	敬收堂	李恩言	〃	경북 성주	4337. 1. 4	〃
167	慕隱壇	蘇格達	〃	경기 안성	2. 1	〃
168	慕麗壇	邉 肅	고려말 절신	경기 포천	3. 7	〃
169	景慕祠	羅聰禮	고려 개국공신	전남 나주	4. 11	제15권
170	聚斯堂	金 佶	〃	전남 담양	5. 2	〃
171	篁山祠	崔必達	〃	강원 강릉	6. 6	〃
172	鶴山書院	朴允雄	〃	경남 울산	7. 4	〃
173	學士公墓	李 皐	고려말 절신	경기 수원	8. 1	〃
174	戀主閣	康得龍	〃	경기 과천	9. 5	〃
175	壯景公壇	許宣文	고려 개국공신	경기 김포	10. 3	〃
176	鳳山祠	姜以式	고구려 장군	경남 진주	11. 7	〃
177	飮水齋	金方慶	고려말 장군	경북 안동	12. 5	〃
178	仁興書院	秋 適	고려말 선비	대구 달성	4338. 1. 9	〃
179	永慕堂	李湯休	고려말 절신	전북 임실	2. 6	〃
180	湖隱墓	洪 演	단종 충신	경기 양주	3. 6	〃
181	景烈祠	鄭 地	고려 충신	광주 북구	4. 3	제16권
182	平章事公墓	朴元浤	〃	강원 인제	5. 1	〃
183	敬止齋	金 坵	고려 충신	전북 부안	6. 12	〃

한가락 찾아간 차례   259

차례	곳	사 람	어떤 이	고 을	날 짜	한가락
184	龍安祠	李思之	고려말 절신	경남 밀양	4338. 7. 3	제16권
185	陶隱齋	李崇仁	〃	경북 성주	8. 7	〃
186	龍岡祠	朴諏	〃	경남 양산	9. 4	〃
187	崇義齋	李存仁	〃	경북 김천	10. 9	〃
188	望松齋	韓哲冲	〃	경남 합천	11. 20	〃
189	居平祠	魯愼	〃	전남 나주	12. 4	〃
190	忠敬書院	廉致中	〃	전남 나주	4339. 1. 8	〃
191	書雲齋	金綏	〃	경기 의왕	2. 5	〃
192	陶山齋	朴可興	〃	경기 남양주	3. 19	〃
193	永慕齋	池勇奇	고려말 충신	충남 아산	4. 2	제17권
194	麥山齋	成仁輔	고려 충신	경남 창녕	5. 14	〃
195	玉溪書院	張安世	고려말 절신	경북 구미	6. 3	〃
196	下松齋	金起	〃	경북 구미	7. 2	〃
197	永慕齋	金七陽	〃	전남 강진	8. 6	〃
198	養眞堂	姜蓍	〃	경북 안동	9. 3	〃
199	鳳停齋	申得淸	〃	경북 영덕	10. 1	〃
200	聖嚴書院	柳淑	고려 충신	충남 서산	11. 5	〃
201	明禋閣	柳惠孫	고려말 절신	경기 고양	12. 10	〃
202	泮谷書院	鞠襦	〃	전북 완주	4340. 1. 7	〃
203	忠義祠	申包翅	〃	전남 고흥	2. 4	〃
204	政丞公墓	任珣	〃	충남 보령	3. 4	〃
205	忠簡公墓	尹璜	〃	충남 당진	4. 1	제18권
206	鳴灘書院	李明誠	고려말 절신	충남 공주	5. 13	〃

차례	곳	사람	어떤 이	고을	날짜	한가락
207	文憲書院	崔安澤	고려말 절신	경기 오산	4340. 6. 3	제18권
208	浮海亭	盧仁正	〃	경남 고성	7. 1	〃
209	長沙齋	金臣寶	〃	전북 고창	8. 5	〃
210	洛東書院	禹玄寶	〃	대구 달서	9. 2	〃
211	逸老公墓	金揚南	〃	경기 연천	10. 7	〃
212	典書公墓	柳從惠	〃	경북 안동	11. 4	〃
213	平章事公壇	柳 池	〃	전북 완주	12. 2	〃
214	追遠齋	宋 桂	〃	전남 담양	4341. 1. 6	〃
215	肅文齋	柳 渾	〃	전북 완주	2. 3	〃
216	慕忠齋	吳 僐	〃	전북 익산	3. 9	〃
217	嚴毅公壇	朴述熙	고려개국공신	경기 의정부	4. 6	제19권
218	謝臥齋	全 順	고려말 절신	경북 고령	5. 4	〃
219	泮亭齋	田子壽	〃	경북 울진	6. 1	〃
220	典書公墓	崔 濱	〃	경기 양주	7. 6	〃
221	桂林齋	崔有江	〃	경기 양평	8. 3	〃
222	兩樂亭	崔七夕	〃	전북 임실	9. 7	〃
223	東山祠	崔安雨	〃	전남 나주	10. 5	〃
224	驪江公墓	尹忠輔	〃	경기 양평	11. 2	〃
225	景慕齋	金若時	〃	경기 광주	12. 7	〃
226	典書公壇	徐 輔	〃	충남 천안	4342. 1. 4	〃
227	霞山祠	魏 种	〃	전남 장흥	2. 1	〃
228	竹林齋	曺大運	고려말 절신	전남 담양	3. 1	〃

차례	곳	사 람	어떤 이	고 을	날 짜	한가락
229	德隱齋	趙仁璧	고려말 절신	경기 파주	4342. 4. 5	제20권
230	景雲齋	張天永	〃	강원 동해	5. 3	〃
231	武陽書院	崔允德	〃	광주 광산	6. 7	〃
232	孤竹齋公壇	趙安卿	〃	경기 연천	7. 5	〃
233	牛山書院	金臺卿	〃	전남 무안	8. 2	〃
234	誠久祠	卞贇	〃	경남 마산	9. 6	〃
235	五忠祠	宣允祉	〃	전남 보성	10. 10	〃
236	世德祠	卓光茂	〃	경북 안동	11. 8	〃
237	琴隱公墓	李陽昭	〃	경기 연천	12. 6	〃
238	敬慕齋	金恂	고려말 충신	경기 안양	4343. 1. 10	〃
239	賢慕齋	閔愉	고려말 절신	경기 김포	2. 7	〃
240	世德祠	孟希道	〃	충남 아산	3. 7	〃
241	永慕齋	金永煦	고려말 충신	충북 청원	4. 11	제21권
242	上黨祠	郭樞	고려말 절신	충북 청주	5. 2	〃
243	都摠制公墓	朴德公	〃	경기 의정부	6. 13	〃
244	永慕齋	蔡玉澤	〃	전북 군산	7. 4	〃
245	永雲齋	宋郊	고려말 충신	전북 정읍	8. 8	〃
246	趙琴隱公墓	趙悅	고려말 절신	경남 함안	9. 5	〃
247	東岡公墓	李隣	〃	강원 원주	10. 3	〃
248	松菴公墓	金秩	〃	충남 아산	11. 7	〃
249	學堂齋	金成牧·金休	〃	충남 연기	12. 5	〃
250	李舍人公壇	李㣞	〃	전북 익산	4344. 1. 9	〃
251	湘水齋	洪智	〃	경기 양주	2. 6	〃
252	奉哥池	奉佑	고려 충신	인천 강화	3. 6	〃

한가락모임 회원

차례	아 호	이 름	하는 일	한가락
1	벽고(碧皐)	장대열(張大烈)	중등학교 교사	제1권
2	여산(汝蒜)	이병진(李炳振)	회사 경영	〃
3	해봉(海峯)	홍종련(洪鐘連)	국회자문위원	〃
4	옥마(玉馬)	신광철(申光澈)	외국어교육진흥원장	〃
5	함주(咸州)	이재철(李在徹)	롯데건설 소장	〃
6	청잠(菁岑)	이기현(李基眩)	이향동근회 연구실장	〃
7	고룡(古龍)	맹치덕(孟致德)	중등학교 교사	〃
8	욕천(浴川)	최장호(崔章鎬)	건강보험심사평가원	〃
9	노산당(魯山堂)	전향아(全香阿)	한가락 총무	〃
10	웅천(熊川)	최정환(崔正煥)	중등학교 교사	〃
11	고천(孤川)	김종열(金種悅)	중등학교 교사	〃
12	귀원(龜原)	김한기(金漢基)	중등학교 교사	〃
13	두고(斗皐)	홍봉성(洪鳳性)	국방부 과장	제2권
14	계천당(桂川堂)	이화용(李華鏞)	초등학교 교사	〃
15	갑고(甲皐)	홍영표(洪永杓)	대학 교수	제3권
16	문원(文園)	김경미(金京美)	대학원생	〃
17	소정(蘇亭)	이정웅(李正雄)	중등학교 교사	〃
18	동원(東原)	조형증(趙亨增)	세동실업 근무	제4권
19	청운(靑雲)	정성심(鄭成心)	중등학교 교사	〃
20	소운(昭云)	정연경(丁燃敬)	추사체연구회 이사	제5권

차례	아 호	이 름	하는 일	한가락
21	노봉(蘆峯)	유인수(柳仁秀)	중등학교 교사	제5권
22	서봉(瑞峰)	조철식(趙徹植)	중등학교 교사	제6권
23	안일당(安一堂)	이원희(李元熙)	동천서숙 총무	〃
24	설전(雪荃)	임준신(任準臣)	설전화실 원장	〃
25	우인(又仁)	경우수(慶佑秀)	자영업	제7권
26	세화(世華)	정무진(丁武鎭)	중등학교 교사	〃
27	소곡(蘇谷)	김길웅(金吉雄)	중등학교 교사	제9권
28	석초(石艸)	홍오선(洪五善)	중등학교 교사	〃
29	청송(靑松)	송화엽(宋和曄)		〃
30	매현(梅峴)	김낙원(金洛元)	서예학원 원장	제10권
31	심계(深溪)	이우원(李雨源)		제11권
32	예주(濊州)	김영기(金榮基)	한의원 원장	제13권
33	가산(佳山)	임봉훈(任奉壎)	대한전기공업사 대표	제15권
34	서원(西原)	김용대(金容大)	서울진양주식회사 대표	제16권
35	현정(賢亭)	정현정(鄭賢禎)	서예가	제17권
36	삼우당(三又堂)	장선숙(張善淑)	서예가	〃
37	청담(靑潭)	민영순(閔永順)	한국서가협회 초대작가	〃
38	해월(海月)	채현병(蔡賢秉)	초등학교 교사	제19권
39	시우(時雨)	이경희(李京姬)		제21권

한가락 시조집 21

고려에 살어리랏다

2011년 4월 21일 초판1쇄 인쇄
2011년 4월 29일 초판1쇄 발행

지은이 한가락 모임
펴낸이 김 영 환
펴낸곳 도서출판 다운샘

주소   138-857 서울 송파구 오금동 48-8
전화   (02) 449-9172 팩스 (02) 431-4151
E-mail : dusbook@naver.com
등록   1993. 8. 26. 제17-111호

ISBN 978-89-5817-246-8 04810
ISBN 978-89-5817-245-1 (세트)

값 17,000원